Wachstum mit System

Amin Tirmizi

Wachstum mit System

Aktien profitabel handeln

Bibliografische Information der Deutschen Nationalbibliothek:
Die Deutsche Nationalbibliothek verzeichnet diese Publikation in der Deutschen Nationalbiografie; detaillierte bibliografische Daten sind im Internet über http://dnb.dnb.de abrufbar.

Dritte Auflage, Januar 2024

Herstellung und Verlag: BoD – Books on Demand, Norderstedt

Lektorat: Tobias Mann

ISBN: 9783746097039

Den Autor erreichen Sie unter: info@3t-system.de

Dieses Buch stellt keine spezifische Anlageempfehlung dar. Der Handel mit Wertpapieren und Hebelprodukten ist mit hohen Risiken verbunden, die bis über den Totalverlust des eingesetzten Kapitals hinausgehen können. Der Autor, der Verlag und die in dem Buch zitierten Quellen haften nicht für mögliche Verluste, die aufgrund der Umsetzung des in diesem Buch vermittelten Gedankenguts entstehen. Die visualisierten Charts sind lediglich Mustercharts und stellen keine reellen Kursbewegungen dar. Es wird darauf hingewiesen, dass der Begriff DAX ® eine geschützte Marke der Gruppe Deutsche Börse ist.

Vorwort

Sehr geehrte Leserinnen und Leser,

in diesem Buch möchte ich einen tiefgründigen Einblick in meine Handelsphilosophie, spezifisch bei Aktieninvestments, geben. Im Gegensatz zu meinem ersten Buch, „3T-System", welches auf den kurzfristigen Handel ausgerichtet ist, geht es in diesem Werk vielmehr um den eigentlichen Ur-Gedanken bei Aktien – das langfristige Investieren. Vor allem in Crash Szenarien bieten sich für Anleger und Investoren gute Chancen, um ihr Vermögen langfristig aufzubauen.

Hierbei werde ich zudem auf meine Handelsstrategie eingehen, das Risiko- und Money-Management, sowie auf die Suche nach dem Vorteil im Markt, ohne den es nicht möglich ist, dauerhaft profitabel zu handeln.

Über den Autor

Amin Tirmizi ist ein privater Börsenhändler und Immobilieninvestor, der seine ersten Erfahrungen an den Kapitalmärkten bereits im Alter von 18 Jahren gemacht hat. Im Jahr 2003 machte er sein Fachabitur in Kassel in Verbindung mit einer Berufsausbildung im Bereich Wirtschaftsinformatik. In den Jahren 2005 bis 2007 absolvierte er zusätzlich eine Ausbildung zum Bürokaufmann, bevor er 2008 ein Wirtschaftsstudium begann. Im Jahr 2013 Erwarb er zudem einen IHK-Abschluss im Bereich Personalmanagement.

Amin Tirmizi wurde von verschiedenen namhaften Profihändlern ausgebildet und schaffte es über die Zeit, dauerhaft profitabel zu handeln.

Inhaltsverzeichnis

Über mich   9

Kapitel 1 – Grundgedanken

Trader vs. Investor   15

Meine ersten Trades   20

Der statistische Vorteil   23

Hin und Her macht Tasche Leer   26

Traurig, aber wahr   28

Welcome to Miami Beach!   31

Der Dispositionseffekt   34

Der Zinseszinseffekt   38

Kapitel 2 – Strategien

Die Wachstumsstrategie   42

Die Risikobegrenzung   47

Kapitel 3 – Wichtige Regeln

Die fachliche Taxierung 54

Der Hebeleffekt 57

Den Einstiegskurs verbilligen! 61

Der Handelsplan 66

Wichtige Regeln 69

Der Blick für das große Ganze! 71

Die richtige Einstellung bringt den Erfolg! 74

Den Sack zu machen! 78

Die Schablone 82

Full Pitch Nose Down 84

Sieger im Crash 87

Und das Beste kommt zum Schluss 89

Das Börsen-ABC 90

Interview mit dem Autor 93

Über mich

Es war nicht das Geld, welches mich an die Kapitalmärkte führte, was sich später herausstellte. Im Nachhinein betrachtet, hatte mein gesamtes Vorhaben primär auch keinen materiellen Ursprung. Es war vielmehr die Neugier und die daraus resultierende Leidenschaft, die ich an der Börse entdeckte und die mich bis heute diesen steinigen und manchmal endlos erscheinenden Weg gehen lässt. In meinem Leben habe ich viele Menschen kennen gelernt, die in irgendeiner Sache sehr erfolgreich waren und bis heute noch sind. Vom Profiboxer bis zum millionenschweren Unternehmer, deckt die Bandbreite alles ab. Doch eines haben diese ganzen Menschen gemeinsam, auch wenn deren Talent so unterschiedlicher Natur ist. Es ist die pure Leidenschaft nach einer Sache und die ungeheure allesvernichtende Selbstdisziplin, welche diese Menschen erfolgreicher seien lässt als andere.

Jeder, der mein erstes Buch bereits gelesen hat, kennt meinen Weg und wie ich zur Börse gekommen bin. Diejenigen, welche das erste Mal ein Buch von mir in den Händen halten, sollten ebenfalls meine Beweggründe kennen, um die darauffolgenden Kapitel besser verstehen zu können.

Im jungen zarten Alter von vier Jahren verbrachte ich nahezu jede freie Minute bei meinem Großvater Josef, einem Banker, da meine beiden Eltern berufstätig waren. Ich glaube, es war das letzte Jahr in seinem Berufsleben, als ich auf einer Betriebsfeier zum ersten Mal sah, was Geld wirklich ist. Ich hatte keinerlei Ahnung, welche Funktion Geld hat, lediglich wusste ich aber, dass man es haben muss um sich schöne Dinge zu kaufen. Obwohl mein Großvater genug Geld besaß, hatte er bis ins hohe Rentenalter kein Auto, geschweige denn einen Führerschein. Es war die Bescheidenheit, die ihn erfolgreicher seien lies als andere Menschen, was sich ein Stück weit auch auf mich abfärbte. Diese besagte Bescheidenheit hielt mich in einigen Situationen von unvernünftigen Dingen ab, welche auf einen im jungen Alter warten. Wenn mich heute jemand nach meinen Stärken fragen täte, würde sich meine Antwort auf das Wort „Disziplin" beschränken. Ohne diese Tugend hätte ich viele Aufgaben nicht meistern können.

Da ich sehr früh anfing zu Sparen und mir stets einen Geldbetrag von meinem Taschengeld abzwackte, konnte ich mir bereits im Alter von 18 Jahren meine erste Eigentumswohnung kaufen. Es war keine Penthouse Suite mit überdimensional großer Wohnfläche, sondern ein kleines solides Apartment. Naja, eigentlich habe ich nur die Hälfte aufgebracht. Die andere Hälfte bekam ich von meinen Großvater. Es war ein großer Vorteil vielen anderen gegenüber, die viel Geld für teure Miete aufbringen mussten. Jeden Monat konnte ich somit Geld auf die hohe Kante legen, für erste Investitionen an den internationalen Börsen sowie später auch für weitere Immobilien.

Im Alter von 20 Jahren erfuhr ich den größten Rückschlag in meinem Leben. Mein Großvater starb im Alter von 78 Jahren. Derjenige, der mir sämtliche Tugenden und Weisheiten vermittelt hatte, war auf einmal nicht mehr da und ich stand plötzlich ganz alleine da. Er hinterließ mir einen Teil seines Vermögens, unter anderem eine weitere Eigentumswohnung. Bis heute würde ich ohne zu zögern mein ganzes Vermögen eintauschen, um nur einen Tag mit ihm verbringen zu können. Zu diesem Zeitpunkt wusste ich, dass ich bereits jetzt eine große Summe Geld auf der hohen Kante hatte, bis zum Lebensende würde es jedoch bei weitem nicht reichen.

Somit fing ich an, mich Tag für Tag noch mehr mit meinem Geld zu beschäftigen und es stetig zu vermehren. Meine ersten Aktiengeschäfte fanden, relativ früh statt. Wie auch jeder andere Neuling konnte ich das Potential der Märkte nicht richtig einschätzen und nahm in der Anfangszeit so ziemlich jedes Fettnäpfchen mit, in welches man treten konnte. Hätte mich zu Beginn jemand gefragt wie lange es wohl dauern würde, bis ich dauerhaft profitabel handeln würde, hätte sich meine Antwort auf wenige Monate beschränkt. Dass es jedoch viele Jahre dauern würde, hätte ich niemals gedacht.

Nach ungefähr sechs Jahren harter Arbeit konnte ich mich dann endlich zu dem elitären Kreis der wenigen profitablen Händler zählen. An dieser Stelle muss man jedoch sagen, dass der Grat zwischen einem profitablem Händler und einem nicht profitablem Händler undenkbar schmal ist. Jeder vermeintlich profitable Händler kann auch wieder zu den Verlierern gehören, wenn er nicht die Fähigkeit entwickelt seine Philosophie und die daraus resultierenden Strategien den Marktbedingungen anzupassen.

Fairerweise muss ich an dieser Stelle zugeben, dass ich gerade in meiner Anfangszeit in vielen Situationen Glück gehabt habe, was mir zu diesem Zeitpunkt so nicht bewusst gewesen ist. Im Alter von 32 Jahren konnte ich sechs schuldenfreie Immobilien mein Eigen nennen. Somit hatte ich ein zusätzliches passives Einkommen, welches ich für neue Ideen nutzen konnte. Einen großen Teil dieses Einkommens reinvestiere ich bis heute an den Kapitalmärkten und vermehre mein Vermögen so stetig weiter. Wie bereits zu Anfang erwähnt ist der Primärgrund für meinen Handel nicht von monetärer Natur. Es ist, wie bereits erwähnt, die Leidenschaft. Einen Punkt möchte ich an dieser Stelle nochmal etwas näher beleuchten. Oft werde ich gefragt, ob ich mich als Daytrader oder als Investor bezeichnen würde. Meine Antwort lautet Händler. Phasenweise bewege ich mich in sehr kleinen Trendgrößen sowie Zeiteinheiten, jedoch als reinen Daytrader bezeichne ich mich nicht.

Kapitel 1 – Grundgedanken

„Mache immer das Gleiche, aber das Gleiche immer etwas besser"

Amin Tirmizi

Trader vs. Investor

Was ist besser? Diese Schlagzeile sieht auf den ersten Blick sehr provokant aus, doch was steckt dahinter? Viele Investoren werden von ihren Traderkollegen belächelt und sogar als unwissend dargestellt, jedoch kann man diese Personengruppen nur schwer miteinander vergleichen. Es ist genauso als würde man einen Marathonläufer mit einem Sprinter vergleichen, oder einen Basketballspieler mit einem Tennisspieler. Es sind zwei voneinander unabhängige Disziplinen, mit ihren eigenen Gesetzen und Regeln. Es lässt sich kaum darstellen, welche der beiden Disziplinen besser oder schlechter ist, denn es kommt hierbei gar nicht auf die Disziplin, sondern vielmehr auf denjenigen an, der danach handelt. Viele Trader wären miserable Investoren und umgekehrt.

Meiner Meinung nach muss jeder das finden, was am besten zu ihm passt. Wenn man seine Arbeit gut macht, kann man in beiden Segmenten eine gute Performance erzielen. Dabei ist es bei beiden wichtig, diszipliniert zu handeln und seine Regelwerke zu befolgen.

Viele der sogenannten Trader „übertraden", da sie der Annahme sind, ständig in das Marktgeschehen eingreifen zu müssen und demnach dauerhaft vor dem Bildschirm sitzen. Diese Menschen tun meist nichts anderes als ihre Freizeit gegen Geld zu tauschen oder gar Freizeit gegen Ruin. Traden funktioniert nur mit einer gewissen Distanz zum Markt und der dazugehörigen Erfahrung. In meinen Anfängen war ich ständig von diversen Tradingdesks und den unzähligen Monitoren der sogenannten Profis geblendet sowie den mit Indikatoren überlagerten Charts und den dutzenden Positionen, welche diese Menschen an einem Tag eröffnen. Leider ist es so, dass diese Art zu handeln von der Industrie so vorgelebt wird und die meisten Anfänger den totalen Überblick verlieren. Früher habe ich zu jenen gehört, die Positionen am laufenden Band eröffnen, schließen und wieder drehen. Heute habe ich eine gesunde Distanz zum Markt, da die Erfahrung einem lehrt, dass die Börse auch noch morgen und sogar übermorgen offen hat. Jeder hat schon einmal den Spruch gehört, dass man einem Zug und einem Trade nicht hinterherlaufen soll, da es immer einen nächsten gibt. Meistens gehören diese Trades zu den qualitativ schlechteren, auf die Summe bezogen, da bei diesen die größten Fehler gemacht werden. Investoren dagegen lassen sich eher für ihre Entscheidungen bezahlen und nicht für ihre Zeit vor dem Bildschirm. Viele sind der Meinung, dass man zum Investieren eine enorm große Kapitaldecke braucht um profitabel zu handeln, doch das ist nicht ganz richtig. Natürlich ist es nicht empfehlenswert mit 500 Euro anzufangen, in irgendwelche Märkte zu investieren. Jedoch braucht man keine Unsummen um in Märkte zu investieren. Viele machen gar den Fehler, dass sie gar nicht wissen, ob sie traden oder investieren. Sie eröffnen eine Aktienposition mit einem Ziel, welches aber vom Markt nicht bestätigt wird und beginnen sich einzureden, diese Position längerfristig zu halten und nun zu investieren. Diese Trader, zu denen auch ich anfangs gehörte, haben keine Disziplin und mentale Stärke, da sie ihr Regelwerk völlig über den Haufen werfen und anfangen Ausreden zu suchen, weswegen sie von ihrer Idee abkommen.

Im Gegensatz zum Investieren gibt es kaum eine Sache im Leben, bei der ich mehr über mich gelernt habe als beim Trading. Ich vertrete die Meinung, dass - wenn ein Trader es schafft, dauerhaft erfolgreich zu Traden – er diesen Erfolg auf alle Facetten des Lebens ummünzen kann, da er die Fähigkeit besitzt, diszipliniert seine Ziele zu verfolgen und seine Regeln einzuhalten.

Das Trading und das Investieren haben drei Dinge gemeinsam, auf welche im späteren Verlauf dieses Buches im Detail eingegangen wird. Es ist die jeweilige Strategie, das Risiko- und Moneymanagement sowie der psychologische Faktor, welchem ich die größte Gewichtung gebe.

In den folgenden Grafiken wird diese Thematik dargestellt.

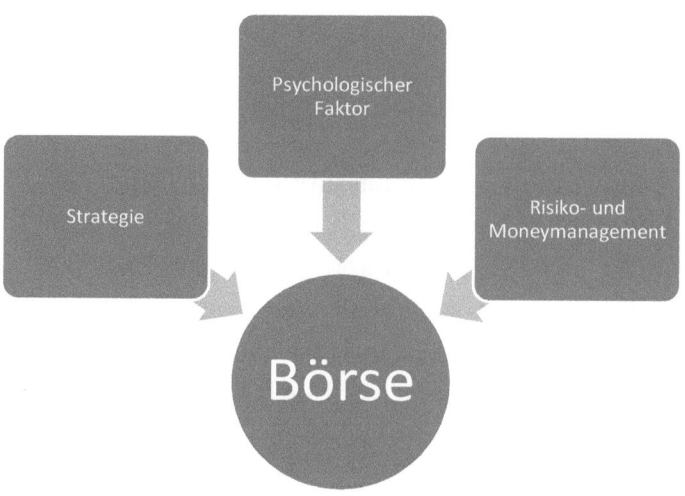

Die Gewichtung

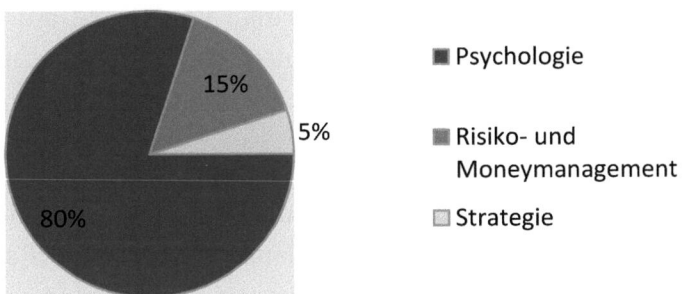

In der oben aufgeführten Grafik ist die Thematik noch einmal mit der prozentualen Gewichtung dargestellt.

Viele sind der Annahme, dass die Strategie die höchste Gewichtung hat. Wer allerdings etwas mehr Erfahrung besitzt, weiß, dass die Strategie den tertiären Faktor bei dieser Betrachtung darstellt.

Die visualisierte Gewichtung der Faktoren beruht auf eigener Erfahrung.

Meine ersten Trades

Diesen Abschnitt findet man eins zu eins in meinem ersten Buch wieder. Da mein Ur-Gedanke von Grund auf darin lag, langfristig mit Finanzinstrumenten jeglicher Art zu handeln, passt dieser besagte Abschnitt ebenfalls Punktgenau an diese Stelle.

Meine ersten Gehversuche an den weltweiten Kapitalmärkten fanden relativ früh statt. Ich glaube, es war eine Pennystock-Aktie, die mir von einem Signalgeber empfohlen wurde. Unüberlegt kaufte ich mir diese Aktie unlimitiert an der Xetra Börse und hatte überhaupt keine Ahnung um was für ein Unternehmen es sich hierbei handelte. Das einzige, was ich über das Unternehmen wusste, war, dass es Rohstoffbohrungen in Kanada vornahm. Mit erhobenem Haupt präsentierte ich diese Aktie meinen Arbeitskollegen, die in der Kaffeepause interessiert auf meinen Bildschirm schauten. Ich fühlte mich bereits wie ein Börsenguru als ich die WKN des Unternehmens in den Suchindex meiner Finanzseite eingab. Selbstverständlich kannte ich diese Nummer auswendig, was meine Kollegen, die überhaupt keine Ahnung von der Börse hatten, ins Staunen brachte. Zu dieser Zeit nahm ich an, dass es ausreichen würde, ein paar Zeitschriften zu lesen und sich ab und zu in seinem Tradingaccount einzuloggen, um nach dem Rechten zu sehen. Stopp- oder Moneymanagement waren zu diesem Zeitpunkt Fremdwörter für mich. Wie es kommen musste, verkaufte ich meine erste Aktie mit rund 30 Prozent Verlust. Es war der ureigene Instinkt, der mich dazu bewegte, meine Verluste zu begrenzen. Wenn ich im Nachhinein darüber nachdenke, würde ich mit meinem heutigen Wissen ein solches Investment gar nicht mehr eingehen. Es ist die Gier, die Menschen dazu verleitet Pennystock-Aktien zu kaufen: Aufgrund ihres exorbitanten Kurspotentials. Mein damaliges Ziel war es, bei jedem Kauf mein Geld so schnell wie möglich zu verdoppeln. Was in meinem Depot lag, war mir regelrecht egal und was hinter dem Investment steckte, ebenfalls. Mir war auch gleichgültig, warum der Signaldienst diesen oder jenen Wert in sein Musterdepot kaufte, denn mir ging es nur allein um den Profit.

Es verstrichen zwei ganze Jahre, in denen ich blind jeder Kaufempfehlung nachging und alles umsetzte, was vom Signaldienst als Empfehlung vorgegeben wurde.

Das Problem war, dass ich gar nicht wusste, warum der Signaldienst diese oder jene Aktie in sein Musterdepot aufnahm. Daher wurde ich dazu verleitet, Verlustpositionen nach Verkaufsempfehlung zu halten, in der Hoffnung auf einen Gewinn oder zumindest auf einen Einstand. Unterm Strich kostete mich der Signaldienst eine Menge Geld und Zeit, da ich in dieser Phase wenig für mein Wissen tat. Irgendwann fing ich an Bücher zu lesen und mir nach und nach Wissen anzueignen, um selbst die treibende Kraft für einen Einstieg zu sein. Eine meiner frühesten Erkenntnisse war das Begrenzen meiner Verluste, das ich bis heute sicher im Griff habe. Somit gingen viele Monate ins Land, in denen ich Seminare besuchte und Bücher las. Irgendwann war ich soweit, dass sich andere Händler Tipps für ihren Handel bei mir holten, da sie wussten, wie tiefgründig ich mich mit dieser Materie beschäftigt hatte. Schritt für Schritt wurde ich sicherer in meinem Handeln und wusste irgendwann, wie ich mich in den jeweiligen Situationen zu verhalten hatte. Sämtliches Wissen, welches ich mir über die Jahre aneignete, dokumentierte ich akribisch. Diese Dokumente sind heute das Fundament für meinen Handelsstil. Das Wichtigste an der ganzen Sache waren jedoch die Erfahrungen, die ich mit der Zeit machte. Nur ich konnte meinen Expertisen vertrauen, da ich wusste, wie ich sie gezielt anzuwenden hatte. Ich bin heute noch der Meinung, dass es für Erfahrung keine Abkürzung gibt. Man kann theoretisch jedem Anfänger die erfolgreichsten Strategien vorgeben und dennoch würde dieser Mensch klanglos scheitern, da er nicht die Erfahrung besitzt, dieses Wissen richtig umzusetzen.

Der statistische Vorteil

In meiner ersten Buchveröffentlichung, „3T-System", war die Basisphilosophie der Trendfolge auf das statistische Vorteilsprinzip ausgerichtet. Hierbei hatte ich meine subjektive Erfahrung aus dem Roulettespiel erläutert, wobei es um den Vorteil der Bank geht.

An dieser Stelle möchte ich noch einmal auf den Grundgedanken dieses Prinzips eingehen, welche die Basis zu allen meinen Regelwerken bildet. Beim Roulette gibt es 18 rote und 18 schwarze Zahlen und zusätzlich das Feld Null, welches von vielen Spielern meist völlig außer Acht gelassen wird. Je nach dem für welche Farbe sich ein Spieler entscheidet, ist die Null ebenfalls als eine negative Zahl zu werten, da diese keinen Gewinn bringt. Addiert man die 18 roten zu den 18 schwarzen Zahlen und Zählt noch das Feld 0 dazu kommt man auf insgesamt 37 Felder. Spätestens hier müsste jedem auffallen, das wir, egal für welche Farbe wir uns entscheiden, grundsätzlich benachteiligt sind. Teile ich nun meine 18 Felder durch die insgesamt 37 Felder, erhalte ich meinen Erwartungswert. Dieser liegt in diesem Fall bei 0,486. Auf den ersten Blick sieht das für viele erstmal nicht so dramatisch aus, denn bei einem einzigen Versuch ist es dennoch relativ wahrscheinlich, dass die Kugel auf die von mir gesetzte Farbe fällt. Da wir aber eine Gewinnwahrscheinlichkeit von unter 50 Prozent haben, ist es jedoch unabdingbar, dass mein Konto auf lange Sicht fällt. Wie wir an dieser Stelle feststellen, liegt der Vorteil bei diesem Spiel klar bei der Bank. Zudem kommen wir zu der Erkenntnis, dass wir bei einem Geschäft einen Parameter benötigen, der es auf lange Sicht etwas wahrscheinlicher werden lässt, dass wir auf die Summe der Geschäfte einen Gewinn generieren. An dieser Stelle möchte ich noch einen wichtigen Satz hinzufügen. Es kommt nicht auf das einzelne Geschäft oder den einzelnen Versuch an, sondern lediglich auf die Summe der Geschäfte.

Ein weiteres Beispiel für dieses Vorteilsprinzip ist der Würfel. Nehmen wir einmal an, wir hätten einen Würfel, der wie jeder normale Würfel sechs Seiten hat, allerdings nicht mit Zahlen, sondern mit den Farben Rot und Schwarz auf jeweils drei Seiten verteilt. Bei Rot würden wir gewinnen und bei Schwarz verlieren. Würden wir mit diesem Würfel 100-mal würfeln, hätten wir wahrscheinlich auf die Summe der Versuche gesehen keinen Gewinn. Jetzt stellen wir uns aber vor, der Würfel hätte sieben Seiten, vier Mal Rot und drei Mal Schwarz. Würden wir diesen Würfel ein einziges Mal werfen, könnte es sein, dass wir verlieren, obwohl die Wahrscheinlichkeit zu gewinnen höher liegt. Selbst bei zehn Versuchen könnte es sein, dass wir dennoch verlieren. Doch bei 100 Versuchen hätten wir definitiv einen positiven Erwartungswert, d.h. eine Trefferquote von über 50 Prozent und darauf kommt es, wie bereits beschrieben, letztendlich an.

Dieses Vorteilsprinzip kann auf sämtliche Strategien angewendet werden, wobei die meisten Strategien kaum einen Vorteil generieren. Die absolute Basis ist also, einen Vorteil für sich zu definieren.

Wie man sich einen kleinen Vorteil an der Börse zu Nutze machen kann, werde ich im weiteren Verlauf dieses Buches erläutern.

Hin und Her macht Tasche leer

Ein Spruch, welchen der ein oder andere bestimmt schon in einem anderen Zusammenhang wahrgenommen hat. An der Börse trifft dieser Spruch in jedem Fall auf nahbaren Boden. Viele Menschen sind der Annahme, dass es lediglich auf die Quantität im Börsenhandel ankommt, wie in anderen Geschäftsbereichen. Es gibt sicherlich einige Bereiche, in denen die Quantität eine höhere Gewichtung hat als die Qualität. Nehmen wir einmal den Bäcker als Beispiel. Als Ausgangslage stellen wir uns einen Bäcker in einer Großstadt vor, welcher eine hohe Nachfrage zu bedienen hat. Aufgrund der hohen Nachfrage würde es wahrscheinlich ausreichen, wenn dieser besagte Bäcker mittelmäßige Backware anbieten würde. Hierbei kommt es lediglich darauf an, den Umsatz über eine hohe Stückzahl zu generieren. Je mehr Brötchen dieser Bäcker verkauft, desto höher der Umsatz, wenn wir von einer unbegrenzten Nachfrage ausgehen, ohne hierbei Monopolstellung zu haben.

Und jetzt stellen wir uns einen Investor oder gar einen Daytrader in einem sehr liquiden Markt, wie zum Beispiel dem Devisenmarkt, vor. Beiden Personen würde es das Genick brechen, mittelmäßige Opportunitäten zu handeln, da an den Kapitalmärkten, nach meiner Philosophie, immer folgender Grundsatz gilt: *„Die Qualität hat stets eine höhere Gewichtung als die Quantität."* Das eben besagte Beispiel mit dem Bäcker hat im ersten Anschein einen plakativen Charakter, weist aber ein ganz besonderes Merkmal auf, welches bereits zuletzt genannt wurde.

Wenige gute Geschäfte können gerade beim Investieren eine höhere Performance erzielen als viele mittelmäßige Geschäfte. Auf die meisten Händler oder Investoren trifft jedoch die Überschrift dieses Kapitel zu. Das bedeutet nichts anderes, als dass diese Personenkreise über kurz oder lang ihr Konto nahezu vernichten, da zu den vielen mittelmäßig bis schlechten Transaktionen noch Gebühren hinzukommen, welche langsam aber sicher am Kapitalstock zehren.

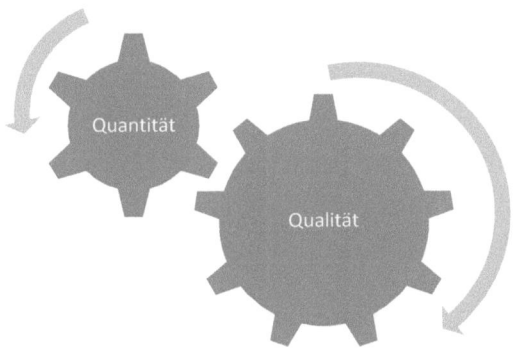

Traurig, aber wahr

In der folgenden Geschichte, welche sich in meinem Umfeld abgespielt hat, geht es um einen Trader namens Ben. Dieser junge Mann war ein erfolgreicher Informatiker bei einem großen IT-Unternehmen. Ben hatte schon immer ein Faible für Geld, deswegen freute er sich umso mehr, dass er einen so gut bezahlten Job hatte. Er verdiente mehr Geld, als er es sich in seinen Schulzeiten erträumen konnte. Nach ein paar Jahren harter Arbeit hatte er genug Eigenkapital, um ein eigenes Haus abzubezahlen, was schon immer ein großer Traum von ihm war. Er hatte früh geheiratet und war stolzer Vater von zwei Töchtern. Ben konnte mit seiner Familie zwei Mal im Jahr in den Urlaub fahren und hatte bis dato keine Geldsorgen. Es kränkte ihn jedoch im Unterbewusstsein, dass es Leute gab, die weitaus mehr Geld verdienten und vor allem mit viel weniger Arbeit. Er hatte immer ein offenes Ohr für neue Geschäftsideen und interessierte sich schon lange für die Börse. Als er in diversen Zeitschriften die Strategien hochgelobter Börsengurus studierte, fällte er eine Entscheidung. Von nun an beschloss Ben, sein Geld zukünftig mit dem Handel von Wertpapieren zu verdienen, denn es sah ja alles nicht allzu schwer aus.

Zur gleichen Zeit hatte das Unternehmen, für das er arbeitete, einen finanziellen Engpass und bot jedem Mitarbeiter bei Kündigung 5.000 Euro Abfindung für jedes geleistete Jahr an. Für

Ben waren dies 40.000 Euro. Er zögerte nicht lange und nahm das Geld dankend an, denn er hatte schließlich andere Pläne.

Ben kaufte sich eine DVD, auf der Erfolg bringende Strategien erklärt wurden. Nach wenigen Tagen eröffnete er sein erstes Handelskonto. Er hatte große Pläne und gab schon in Gedanken das ganze Geld aus, was er zukünftig verdienen würde. So 10.000 Euro monatlich müssten ja drin sein, denn die Strategien, die er studiert hatte, hatten einen Erwartungswert von mehreren 100 Prozent.

Die ersten Trades liefen nicht schlecht und es machte den Anschein, dass er mit dieser Sache sehr erfolgreich werden würde. Sein ganzes Leben fokussierte sich nur noch auf den Börsenhandel und Ben war bis in die späten Handelsstunden nicht ansprechbar, was sich auch in seiner Beziehung bemerkbar machte.

Nach mehreren Wochen merkte Ben, dass sein Konto immer kleiner wurde und die erste Angst machte sich langsam aber sicher bei ihm breit. Er hatte schließlich ein Haus abzubezahlen und eine Familie zu ernähren. Er beschloss, die Positionsgrößen zu erhöhen, um schnell wieder aus der Verlustzone zu kommen, doch die Folgetrades brachten ihm ebenfalls nur Verluste. Als dies seine Frau mitbekam, gab es einen großen Streit. Monatelang hatte Ben sich nicht um die Familie gekümmert und er hatte nur noch eins im Kopf und das war Geld. Von den Emotionen hin und hergerissen, eröffnete er eine große Position über seine Handelsplattform, welche sein Konto massiv überhebelte. Auch dieser Trade ging in die Hose und Ben stand plötzlich vor dem Aus. 40.000 Euro waren in wenigen Wochen verspielt. Naja, das Geld war prinzipiell ja nicht weg, es gehörte nur jemand anderem. Das größte Problem, das Ben hatte, war, dass er von nun an die Annuitäten bei der Bank nicht mehr bedienen konnte und kurze Zeit später kündigte die Bank ihm den Kredit. Ihm blieb nichts anderes übrig als in die Privatinsolvenz zu gehen, was ihn letztendlich auch die Ehe und seine Familie kostete. Ben war plötzlich völlig mittellos. Er mietete sich ein kleines Apartment und lieferte von nun an Pizza aus. Dieser Schmerz zog Ben so sehr herunter, dass er nie wieder richtig auf die Beine kam. Er hatte seinen gut bezahlten Job aufgegeben, sein Haus und seine Familie verloren. Ben war nicht mehr der Alte. Er litt an einer großen Depression, welche ihm einen Einstieg in den normalen Berufsalltag unmöglich machte.

Diese Geschichte hatte sich in meinem unmittelbaren Umfeld abgespielt und soll jene warnen, die ähnlich leichtsinnig an die Sache herangehen.

Welcome to Miami Beach!

Eine Headline, welche zunächst erst einmal nichts mit dem eigentlichen Börsenhandel zu tun hat, genauer Betrachtet aber eine wichtige Erkenntnis liefert, welche einem große Verluste ersparen kann.

Gerade zu Beginn einer Karriere als privater Börsenhändler wird man oft von Dingen geblendet, welche Ebenfalls, wie gerade erwähnt nichts, aber auch gar nichts mit Aktien oder dem Kapitalmarkt zu tun haben – es ist die Illusion von bedingungsloser Freiheit, welche einem die Börse liefern soll. Wenn man sich einmal die Karikatur eines typischen Börsenhändlers ansieht, haben die meisten Menschen ein gutaussehenden, Sportwagen fahrenden, Zigarre rauchenden, Geld um sich schmeißenden und natürlich Anzug tragenden jungen Mann vor Augen, welcher extrem erfolgreich bei den Frauen ist und so viel Geld verdient, dass jedem nahezu schlecht werden würde, wenn man darüber nachdenkt, diese Summe ausgeben zu müssen. Ich kenne fast keinen Kinofilm, in dem es um Börse geht, wo diese Beschreibung nicht zutrifft. Auch ich habe in meinen jungen Jahren zu jenem Personenkreis gehört, welcher materiellen Dingen nacheiferte.

Zum anderen ist es das Bestreben der Industrie, solche Illusionen am Leben zu halten. Wie würde denn ein Kinofilm aussehen, in dem der Hauptdarsteller ein kleines Konto handelt, nebenbei noch Zeitungen austrägt und eine jährliche Performance von 11 Prozent erzielt, was durchaus eine gute Performance ist. Ein solcher Film würde sich weniger gut vermarkten lassen, woraus resultierend die ganze Thematik absichtlich in ein anderes Licht gerückt wird. Dem jungfreudigen Börsenhändler werden von vornherein wilde Charttools und Applikationen durch die Brokerfirmen zur Verfügung gestellt, damit die ganze Sache auch spannend ist und spannend bleibt. Als ich das erste Mal vor einer solchen Bildschirmfront mit wilden Charts und blinkenden Zahlen saß, verspürte ich das Gefühl etwas ganz Besonderes zu machen. Ich kam mir extrem wichtig vor, da ich vermeintlich etwas beherrschte, was nicht jeder andere kann und kennt. Die Erkenntnis, dass ich die Masse der Dinge, die mich zu Beginn meiner Karriere begleiteten gar nicht für den Börsenhandel brauchte, kam erst nach einigen Jahren.

Zudem ist es von absolut essentieller Bedeutung zu erkennen, welche Methoden den Händler weiterbringen und welche ihn in den finanziellen Ruin treiben. Der Grat zwischen Gewinner und Verlierer liegen an der Börse auf Messers Schneide. Es kommt nicht auf die Anzahl der Monitore oder die Chartsoftware an, sondern vielmehr auf die Erfahrung und die Routine, welche sich ein Händler über die Jahre aneignet. Wenn man 10 neutral gestimmte Personen ohne Vorkenntnisse befragen würde und ihnen zwei Personen beschreiben würde, wobei einer von beiden mit nur einem Monitor handelt und der andere von beiden mit einer ganzen Desktopwand und man diese Personen befragen würde, welcher nach deren Meinung der profitablere von beiden sei, würden 8 von diesen 10 Personen auf den letzteren Tippen. Es liegt in der Natur des Menschen - Dinge welche komplizierter aussehen - als wertvoller zu erachten. Der Schlüssel zum Erfolg liegt lediglich in der Einfachheit, denn je komplizierter eine Handelsausrichtung gestaltet ist, desto unwahrscheinlicher ist deren Wiederholbarkeit.

Kommen wir nun zu der besagten Headline zurück. Diese könnte genauso gut „Welcome to New York City" heißen. Ich hab aber bewusst diese Überschrift gewählt. Meinen Winterurlaub verbringe ich meistens im Süden von Florida, genau genommen in Miami, wo solche Karikaturen des Öfteren auf den stark frequentierten Straßen rund um den Oceandrive am Southbeach ihr Unwesen treiben. Als ich 2008 das erste Mal in dieser Gegend war und mit diesem Lifestyle konfrontiert wurde, merkte ich, dass ich mich in einer Scheinwelt befinde, wo es stets darauf ankommt mehr zu scheinen als zu sein.

Der gesamte Kapitalmarkt ist darauf ausgerichtet, dem außenstehenden eine Illusion vorzugaukeln, welche einen auf der emotionalen Ebene berührt. Auf den Kern dieser Botschaft werde ich im weiteren Verlauf dieses Buches noch etwas näher eingehen.

Der Dispositionseffekt

Weswegen oftmals profitable Trades zu früh geschlossen werden, hat einen Grund: Es ist der Dispositionseffekt. Jeder Mensch hat das Bedürfnis nach Wohlbefinden, ganz egal, ob im Trading oder in anderen alltäglichen Dingen. Wer aber Verhaltensregeln für sich entwickelt, diese emotionalen Gefühle auszublenden und rational nach seinem Konzept handelt, ist einen ganzen Schritt weiter. Verlustpositionen werden meist voll ausgesessen und Gewinnpositionen zu früh geschlossen, was gegen den Urgrundsatz „Gewinne laufen lassen und Verluste begrenzen", klar verstößt. Dieser Effekt tritt oft nach einer längeren Verlustphase auf, da das Schmerzempfinden auf der Zeitachse zunimmt und die Sehnsucht nach einem Gewinntrade exorbitant wird. Es kommt nicht selten vor, dass nach einer solchen Verlustserie, auch Drawdown genannt, Positionen nach nur wenigen Punkten glatt gestellt werden. Diese Trader berauben sich quasi der Möglichkeit, ihre durchschnittlichen Gewinne im Verhältnis zu ihren durchschnittlichen Verlusten größer sein zu lassen.

Spätestens hier erkennt man klar, dass die richtige Strategie alleine nicht ausreicht, um profitabel zu handeln. Genau an diesem Punkt sollte spätestens jedem klar werden, dass der professionelle Börsenhandel, unabhängig von der Strategie und den dazugehörigen Regelwerken, eine hohe Gewichtung des psychologischen Faktors hat. Es sind meist nicht die Strategien oder das Risiko- und Moneymanagement, welches über Sekt oder Selters entscheiden, sondern vielmehr ist es die Psychologie, weswegen die meisten scheitern. Die Strategie und der Umgang mit den jeweiligen Risikoparametern sind meist relativ leicht zu erlernen, da sie mechanisch funktionieren. Der Kern dieser These wurde erstmals von den Verhaltensforschern Amos Tversky und Daniel Kahneman beschrieben.

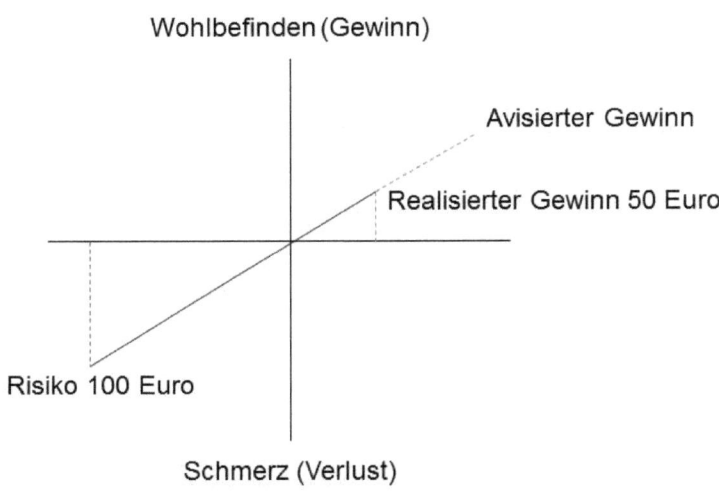

Ergänzend zum Dispositionseffekt kommt an dieser Stelle die Gefühlskurve eines Händlers zum Tragen. Es ist jene Gefühlsmuster, welche ein Händler nach einer Positionseröffnung durchlebt.

Nur erfahrenen Händlern gelingt es, diese Emotionen auszublenden und rational zu handeln.

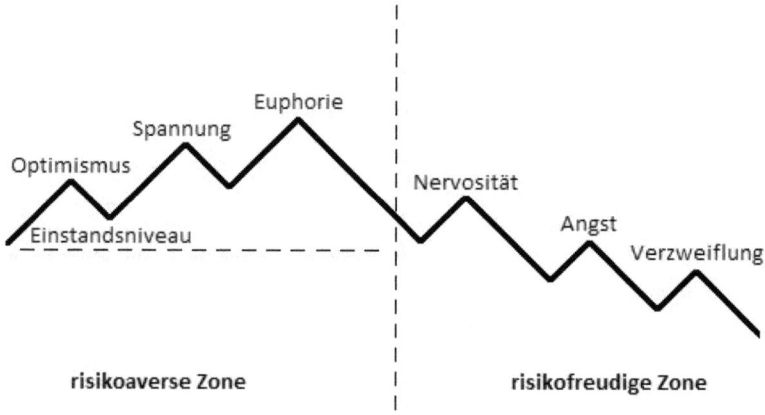

Beim Dispositionseffekt haben wir gelernt, dass ein Händler sich im Gewinnfall risikoavers verhält und im Verlustfall risikofreudig. Das Kuriose an diesem Verhalten ist, dass die Zone, in welcher der Händler bereit ist kein Risiko einzugehen, mit positiven Eigenschaften behaftet ist. Bei professionellen Händlern befinden sich die risikofreudige Zone auf der linken und die risikoaverse Zone auf der rechten Seite, der oben visualisierten Abbildung.

Die Erkenntnis und die später daraus resultierende Umsetzung ermöglichen einem Händler, Gewinne laufen zu lassen und seine Verluste zu begrenzen. Völlig unabhängig, ob man Investor oder Daytrader ist. Diese Verhaltensmuster haben in jedem Bereich die gleiche Gewichtung.

Es sind meist immer Emotionen, die uns daran hindern, rationale Entscheidungen zu treffen. Als Hilfe kann man sich Gedankenstrukturen schaffen, welche einem Helfen, solche Situationen ohne größeren Schaden zu überstehen. Ein Tradingplan ist an dieser Stelle absolut wichtig, da dieser in einem neutralen und somit rational geistigen Zustand geschrieben wurde. Gerade in solchen Situationen muss man sich zwingen diszipliniert zu sein und ständig überprüfen, ob der Handel noch zum Plan passt.

Der Zinseszinseffekt

Dieser Effekt ist eine der absoluten Waffen eines Investors jeglicher Art. Hierbei kommt es lediglich darauf an, die ausgeschütteten Erträge, in Form von beispielsweise einer Dividende, wieder zu reinvestieren, oder sogar den Gewinn eines Aktiengeschäftes, mit welchem man einen Kursgewinn erzielt hat.

Selbstverständlich macht es keinen Sinn, sich nach jeder Ausschüttung eines Investments direkt neue Anteile zu kaufen, da bei jedem Geschäft Ordergebühren anfallen. Wenn wir also von einem fiktiven Handel von 20.000 Euro ausgehen, könnte man beispielsweise für sich definieren, dass bei einem Depotwachstum von 10 Prozent, die dazu gewonnene Geldmenge wieder reinvestiert wird. In diesem Fall wären das 2.000 Euro.

Im Internet kursieren etliche Seiten, auf welchen sich solche Dinge mit Hilfe von Tools berechnen lassen. Im Folgenden Beispiel werden zwei Rechnungen miteinander verglichen. Einmal ohne Zinseszins und einmal mit Zinseszins.

Als Anfangskapital nehmen wir eine Geldsumme von 10.000 Euro mit einer Jährlichen Ausschüttung von 5 Prozent, welche auf 20 Jahre angelegt wird.

Ohne Zinseszins

$$K_{20} = 20000 + (20000 \cdot \tfrac{5}{100}) \cdot 20$$

Nach 20 Jahren wäre unsere Geldmenge auf sage und schreibe 40.000 Euro angewachsen - ohne Reinvestition der Zinsen.

Mit Zinseszins

$$K_{20} = 20000 \cdot (1 + \tfrac{5}{100})^{20}$$

Nach 20 Jahren wäre unsere Geldmenge bei einer Reinvestition der Zinsen auf 420.000 Euro angewachsen.

Spätestens an dieser Stelle weiß jeder, was ich mit Waffe meine. Der Zinseszinseffekt gibt uns Händlern, bei richtiger Anwendung, die Möglichkeit unserem Konto exorbitantes Wachstum zu verleihen.

Gerade bei Dividendenaktien hat man die Möglichkeit, mit solchen Szenarien viel Geld zu verdienen, allerdings braucht man gerade hierbei viel Zeit und Geduld. Wie man den Zinseszins optimal in den Handel einbaut, werde ich im weiteren Verlauf dieses Buches erläutern.

Kapitel 2 – Strategien

Die Wachstumsstrategie

Diese besagte Strategie bietet vom Prinzip her keine Innovation und sollte bei erfahreneren Händlern in abgewandelter Form bekannt sein. Der Kern oder mit anderen Worten, die Basis dieser Strategie, wird aus zwei Komponenten gebildet, auf welche ich bereits in vorherigen Abschnitten eingegangen bin. Zum einen ist es der statistische Vorteil und zum anderen der Zinseszinseffekt.

Auf den ersten Blick sind es zwei unterschiedliche Komponente, diese erzielen allerdings in der richtigen Anwendung, auf lange Sicht, unaufhaltsame Wirkung. Um den statistischen Vorteil bei dieser Strategie zu erläutern muss ich allerdings noch einen Parameter hinzufügen. Es ist der Buchwert einer Aktie. Als Buchwert bezeichnen wir den eigentlichen Wert einer Aktie oder eines Unternehmens, welchen man als fundamentale Kennzahl in diversen Finanzportalen, für seine jeweiligen Aktien, sichten kann.

Der Buchwert selber ist nichts anderes als eine Messgröße für den substanziellen Wert eines Unternehmens. Da die Kursbildung der Aktien, aufgrund von Angebot und Nachfrage, gebildet wird, werden die meisten Aktien in starken Konjunkturzyklen, über dem Buchwert, und in schwachen Konjunkturzyklen, oder in Crash-Szenarien, unter dem Buchwert gehandelt. Als Ausnahme gelten natürlich Sondersituationen, welche aufgrund von Niedrigzinsphasen durch Notenbanken oder durch besondere Ereignisse herbeigeführt werden. Kommen wir nun zum Buchwert zurück. Dieser wird lediglich aus der Summe aller Vermögensgegenstände oder mit anderen Worten, des Eigenkapitals, vermindert um das Fremdkapital (Schulden), gebildet. Sondersituationen können dazu führen, dass aufgrund eines Skandals, welcher zusätzlich durch die Medien maßlos übertrieben wird, ein Unternehmen, trotz stetig steigendem Umsatz, unter dem Buchwert gehandelt wird. Die Statistik lehrt uns, dass die Masse der Unternehmen, lediglich bezogen auf Bluechipaktien, auf der Zeitachse wieder den ursprünglichen Buchwert anlaufen. Es ist wichtig zu erwähnen, dass man bei der Selektion der Aktien auf Unternehmen schauen sollte, welche in Ihrer Branche bereits im Vorfeld Krisen überwunden haben und auch das Potential besitzen weiter zu wachsen.

Jedes einzelne Geschäft könnte also potentiellen Verlust nach sich ziehen. Deswegen ist es ratsam, seine Risikoparameter zu kennen und auch zu beherrschen. Auf dieses Thema werde ich allerdings im weiteren Verlauf dieses Buches eingehen. An dieser Stelle zählt lediglich die Erkenntnis, dass es weniger auf das einzelne Geschäft, sondern vielmehr auf die Summe aller Geschäfte ankommt.

Kaufen wir ein Unternehmen beispielsweise 50 Prozent unter dem Buchwert, würde das nichts anderes bedeuten, als würden wir einen Euro kaufen, aber dafür nur 50 Cent bezahlen. Diese Erkenntnisse bilden den ersten Vorteil dieser Strategie.

Die zweite Komponente dieser Strategie ist der Zinseszinseffekt. Bei dieser Komponente kommt wieder ein Parameter hinzu. Es ist die Dividendenrendite. Da wir nicht wissen, wann ein Unternehmen wieder seinen ursprünglichen Buchwert erreicht, ist es wichtig, dass wir in der Zeit, in der wir das Unternehmen anteilig besitzen, eine Rendite erzielen. Bei der Dividende kommt es weniger darauf an, dass sie besonders hoch ist, sondern vielmehr, dass diese konstant gezahlt wird und dazu, wenn möglich, stetig angehoben wird. Würden wir also eine beliebige Aktie beispielsweise 10 Jahre halten, bei einer Nettorendite von drei Prozent, hätten wir nach dieser Zeit bereits 30 Prozent Gewinn erzielt. Dieses Beispiel ist zunächst erst einmal sehr banal, da die Dividende nach Ausschüttung zunächst erst einmal vom aktuellen Kurs abgezogen wird, ist auf lange Sicht jedoch ein nützliches Werkzeug für Wachstum. Zum anderen habe ich die Möglichkeit, die Aktie nach übersteigen des Buchwertes mit einem Kursgewinn zu verkaufen, welches allerdings, je nach Anlagehorizont, im Einzelfall abgewogen werden muss.

Kommen wir auf den Zinseszinseffekt zurück, welcher den Initialturbo dieser Strategie bildet. Das ausgeschüttete Kapital wird zunächst erst einmal auf einem separaten Konto geparkt und dazu genutzt, es in einer folgend geeigneten Situation, gewinnbringend am Markt zu platzieren. Mit anderen Worten wird die ausgeschüttete Dividende lediglich dazu verwendet, neue Anteile zu kaufen, welche ebenfalls wieder neues Kapital ausschütten.

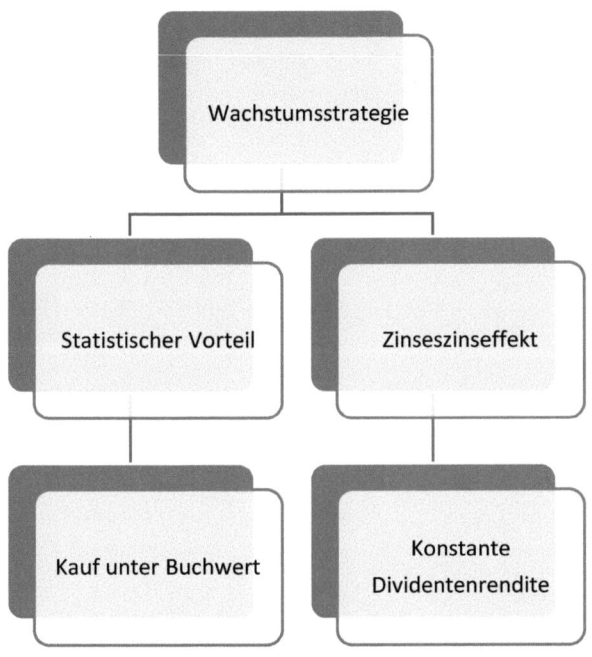

Zusammengefasst kommt es darauf an, ein fundamental starkes Unternehmen, aufgrund einer Sondersituation, unter dem Buchwert zu kaufen und die auszuschüttende Dividende zu reinvestieren. Um den Zinseszinseffekt überhaupt nutzen zu können, ist es, wie bereits erwähnt wichtig, dass nicht nur eine Dividende gezahlt wird, sondern diese auch konstant.

Die Risikobegrenzung

Wie auch im Trading oder besser gesagt im Handel auf kurzfristigen Zeitperioden, gibt es beim Investieren so etwas wie einen „Stopp". Allerdings nutze ich beim Investieren den Begriff „Risikobegrenzung".

Im Daytrading ist die „Stoppsetzung" eine der wichtigsten Stellschrauben, welche meist über Sekt oder Selters entscheidet. Je enger ich in einem Markt bin, desto wichtiger ist die Präzession dieser Sache, vor allem, wenn ich mich in synthetischen Märkten mit einem Hebel befinde. Je nach Handelsausrichtung oder Philosophie wird der Stopp hierbei meist im Chart, an signifikanten Punkten gesetzt. Diese Stopps können vor oder hinter Unterstützungen, Kerzenformationen, Indikatoren oder gar an relativen Hoch- und Tiefpunkten, wie bei meinem 3T-System, liegen. Im kurzfristigen Handel sollte ein Stopp auf einer Marke gesetzt werden, an der das von mir zu handelnde Setup, seine Gültigkeit verliert.

Die Stoppsetzung beziehungsweise die Risikobegrenzung ordne ich allerdings einem wichtigen Faktor unter. Es ist das Risiko- und Moneymanagement. Gerade Anfänger schieben dieses Thema beiseite, da es zunächst erst einmal sehr trocken und langweilig wirkt. Viele dieser besagten Anfänger richten ihren Handel primär an Indikatoren, Chartformationen oder irgendwelchen Tradingtools aus, von denen sie sich einen satten Profit versprechen.

Das Risiko- und Moneymanagement hat nach dem psychologischen Faktor, nach meiner Bewertung, die zweitgrößte Gewichtung. Erst danach folgt die Strategie. In jedem funktionierenden Unternehmen wird Risiko- und Moneymanagement betrieben, um stets die Opportunität zu haben, die Kosten und vor allem das Risiko, kalkulieren zu können.

Kommen wir nun auf die Risikobegrenzung beim Investieren zurück. Da wir hier unsere eingegangen Positionen über extrem lange Perioden halten, macht es hier wenig Sinn, mit engen Stopps zu arbeiten, da die Wahrscheinlichkeit zu groß wäre, dass wir auf der Zeitachse aus dem Markt „fliegen". Beim Investieren handhabe ich das Ganze somit anders als im Daytrading. Hierbei teile ich mein gesamtes, zu investierendes Kapital, zunächst erst einmal durch die Zahl Zehn. Somit erhalte ich zehn kleinere Geldpositionen oder Geldeinheiten, welche ich in verschiedene Märkte investieren kann. Der Stopp Selber wird, wie bereits erwähnt, nicht im Chart gesetzt, sondern maximal im Kopf. Es gibt einzelne Investments, in denen die Zahl Null meine Risikobegrenzung ist. Viele mögen sich jetzt an dieser Stelle fragen, was das Ganze mit Risikominimierung zu tun hat. Wer etwas aufgepasst hat, weiß, dass ich lediglich liquide Aktien und mit Masse Bluechips handle, welche sich in der Regel zyklisch mit der Konjunktur bewegen und dazu eine konstante Dividende abwerfen. Die Wahrscheinlichkeit, dass alle meine Unternehmen, welche sich auf maximal zehn begrenzen, vom Markt verschwinden, ist nicht sehr hoch. Relative Schwankungen spielen somit für mich keinerlei Rolle. Würde ich eine solche Strategie mit Pennystock-Aktien fahren, wäre dies reiner Selbstmord für mein Konto. Diese Strategie ist lediglich auf den Handel mit starken Unternehmen oder wie bereits erwähnt, mit Bluechips ausgerichtet.

In meinem privaten Depot halte ich seit längerer Zeit die Aktie eines der bekanntesten Getränkehersteller auf der Welt. Der Grund dafür ist bei diesem Unternehmen nicht das Kurspotential, sondern lediglich die konstante und stetig steigende Dividende, welche wie im vorherigen Abschnitt bereits erwähnt, stets reinvestiert wird. Wenn ich in einen Markt investiere, suche ich mir in der Regel Aktien aus, welche Marktführer in ihrem Segment sind oder gar Monopolstellung haben. Dies minimiert das Risiko, dass ein solches Unternehmen, in einer Krise vom Markt verschwindet. Wie ebenfalls erwähnt, werden diese Titel in der Regel unter ihrem Buchwert gekauft, sodass mein Risiko statistisch gesehen sehr gering bleibt.

Einstandsparameter meiner Investition

Muster Automobilaktie

Aktueller Kurs pro Anteil:	120 Euro
Buchwert der Aktie:	180 Euro
Dividendenrendite:	2,5 Prozent
Gekaufte Anteile:	200 Stück
Anlagehorizont:	10 Jahre
Aktueller Depotwert:	24.000 Euro

Szenario 1:

Erreicht die Aktie nach bereits 3 Jahren ihren aktuellen Buchwert, würde unser Depotwert 36.000 Euro betragen. Hinzu würde die ausgeschüttete Dividende kommen, welche über den Zeitraum gezahlt wurde. Wir hätten situativ die Option, die Aktien um den verdienten Betrag zu entnehmen und nach neuen günstigen Unternehmen zu schauen, welche zur aktuellen Marktlage unter ihrem Buchwert gehandelt werden. Die steuerliche Komponente findet in diesem Beispiel keinerlei Beachtung, da es hierbei um die Kernbotschaft geht.

Szenario 2:

Die Aktie würde immer noch zu 120 Euro pro Anteil gehandelt werden. Selbst hierbei hätte man, ohne die Inflationäre Komponente mit einzubeziehen, alleine durch die Dividende eine Rendite von 25 Prozent erzielt. Dieses Beispiel ist ohne Zinseszinsszenario gerechnet, da wir den ausgeschütteten Betrag nicht sofort investieren können, sondern auf eine geeignete Situation warten müssten. Selbst hierbei wäre unser Depot auf sage und schreibe 30.000 Euro angewachsen und das ohne einen Zinseszinseffekt.

Szenario 3:

Die Aktie wird 20 Prozent unter dem Buchwert gehandelt. Es könnten durchaus auch weitere 50 Prozent sein oder gar ein Totalverlust. Selbst ein solches Szenario kann einen Händler oder Investor mit einem gesunden Risiko- und Moneymanagement nicht aus dem Spiel bringen. Da unsere Investments nicht auf ein einzelnes Geschäft, sondern auf die Summe der Geschäfte ausgerichtet sind, ist demnach die Risikogewichtung so zu wählen, dass ein Investment einen Bruchteil des gesamten Depots ausmacht. Auf unser Beispiel bezogen würde das bedeuten, dass wir eine Equity von ca. 200.000 bräuchten um ein solches Szenario nach diesem System zu handeln, da ein einzelnes Geschäft niemals das gesamte Depot gefährden darf.

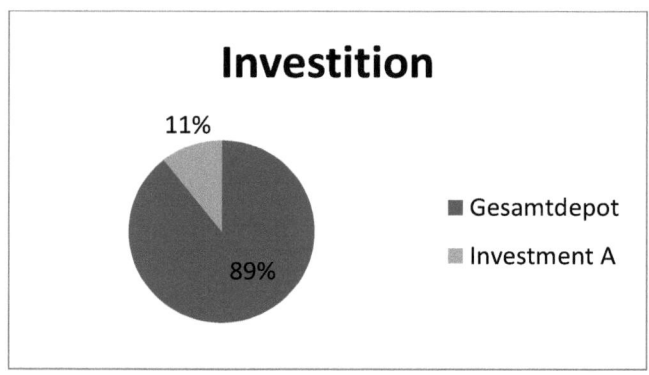

Kapitel 3 – Wichtige Regeln

Die fachliche Taxierung

Um ein Geschäft jeglicher Art richtig einordnen zu können, bedarf es der fachlichen Taxierung. Diese gibt uns im Nachhinein Informationen über die Qualität des Geschäftes oder des Trades. Mit Qualität ist nicht die Höhe des Gewinns gemeint oder die Performance. Ein gutes Verlustgeschäft ist in meinen Augen und auf lange Sicht mehr wert als ein schlechtes Gewinngeschäft. Hört sich zunächst erst einmal schizophren an, die daraus resultierende Erkenntnis ist aber von essentieller Bedeutung für unseren Handel.

Um diese Thematik etwas genauer zu beleuchten steigen wir an dieser Stelle etwas tiefer ein. Wir stellen uns vor, wir würden blind eine Rohstoffaktie kaufen, welche einen sehr dünnen Umsatz an der Börse hat und würden diese Aktie dazu noch unlimitiert kaufen – mit anderen Worten ohne Sinn und Verstand. Mit dieser Aktie würden wir allerdings einen Kursgewinn von 50 Prozent erzielen. Im Vergleich dazu kauft eine andere Person eine massiv unterbewertete Aktie eines Dax-Konzerns, welche aufgrund einer Konjunkturphase unter dem Buchwert gehandelt wird. Der Kauf dieses Wertes wurde genauestens nach dem Handelsplan durchgeführt. Der aktuelle Kurs liegt acht Prozent unter dem Einstandskurs. Jeder Laie würde das erste Geschäft als das Bessere ansehen, doch weit gefehlt. Wie an anderer Stelle bereits beschrieben, kommt es nicht auf das einzelne Geschäft oder den einzelnen

Trade an, sondern auf die Summe. Selbstverständlich kann es sein, dass jemand, der blind einen Wert kauft, auf den einzelnen Trade gesehen, einen höheren Gewinn erzielt. Würden beide Personen allerdings 100 Trades durchführen, hätte auf lange Sicht die zweite Person, aus meinem eben genannten Beispiel, die besseren Karten, da sich Qualität auf lange Sicht meistens durchsetzt.

Kommen wir nun wieder zur fachlichen Taxierung zurück, welche ich in vier Komponenten unterteile. Zum einen haben wir das fachlich saubere Gewinngeschäft, welches mit einem Trade nach Handelsplan oder Handelsausrichtung gleichzusetzten ist, welcher im Gewinn schließt. Mit anderen Worten, ein Trade nach Plan. Als Gegenpart zu diesem Geschäft haben wir das fachlich saubere Verlustgeschäft, welches wir im zweiten genannten Beispiel bereits kennen gelernt haben.

Zudem haben wir das fachlich unsaubere Gewinngeschäft, welches wir im ersten Beispiel bereits definiert haben. Diese Geschäfte sind meist mit Glückstrades gleichzusetzen. Zu guter Letzt haben wir das fachlich unsaubere Verlustgeschäft. Als dieses beschreiben wir Geschäfte oder Trades, welche ohne Sinn und Verstand durchgeführt wurden und zudem im Verlust geschlossen haben.

Die Fähigkeit ein Geschäft in eine der vier genannten Kategorien einordnen zu können, ist auf den ersten Blick nichts Besonderes, allerdings im Nachhinein von sehr großer Bedeutung.

Diese fachliche Taxierung gibt uns die Information darüber, warum wir den Gewinn oder Verlust rein aus qualitativer Sicht verbucht haben. Wir können somit Schwächen analysieren und wissen demnach, wo unsere Defizite liegen. Diese Thematik habe ich in der folgenden Grafik noch einmal visualisiert.

Der Hebeleffekt

Einer der größten Irrtümer, welcher im Börsenhandel existiert, ist die falsche Wahrnehmung von Hebelprodukten. Eine Erkenntnis, auf welche ich erst nach einigen Jahren gestoßen bin. Nehmen wir einmal das Jahr 2008 unter die Lupe als fast alle Märkte abwärts gerichtet waren. Viele Menschen waren zu jener Zeit der Annahme, sie könnten mit Hebelprodukten, genau genommen mit Derivaten, überproportional an einem möglichen Kursanstieg partizipieren, was in der Theorie zunächst erst einmal nicht verkehrt ist. Die meisten dieser Menschen haben allerdings nicht die Erfahrung, ein solches Instrument produktiv einzusetzen. Hebelprodukte haben die Eigenschaft, dass sie an Bedingungen geknüpft sind. Es gibt unzählige Varianten von solchen Produkten. Nehmen wir einmal einen ganz klassischen Call-Optionsschein auf WTI-Öl mit einem Laufzeitende. Dieser Optionsschein hat einen Hebel von vier. Das bedeutet, wenn der Basiswert um ein Prozent steigt, steigt unser Strategieindex, also der Wert unseres Optionsscheins, um vier Prozent. Analog bei fallenden Kursen.

An dieser Stelle kommt nun ein signifikanter Faktor hinzu, weswegen ein solcher Plan meistens nicht aufgeht. Bei einem Markt, welcher sich in einer Seitwärtsphase befindet oder sehr volatil die Richtung ändert, haben wir ständig einen neuen Bezugswert. Das bedeutet, wenn der Markt fällt und anschließend wieder steigt werden wir niemals mit dem Strategieindex den ursprünglichen Preislevel des Basiswertes erhalten, da sich die prozentuale Veränderung immer an einem neuen Bezugswert ausrichtet. Selbstverständlich kommen beim Handel mit Deviraten noch andere Einflussfaktoren, wie z. B. ein Fremdwährungsrisiko oder das Omega hinzu. Um jedoch auf das Wesentliche eingehen zu können, beschränken wir uns an dieser Stelle lediglich auf die bereits genannten Parameter.

Viele Anfänger machen den Fehler und kaufen sich bei optisch günstigen Kursen mit einem Optionsschein in einen Markt ein und sind der Annahme, dieses Derivat langfristig in ihrem Depot halten zu können, frei nach dem Motto „Irgendwann wird der Markt schon wieder steigen". Warum dieser Irrglaube oft in einem finanziellen Desaster endet, habe ich in der Folge ein solches Beispiel visuell dargestellt.

Prozent	Basiswert	Strategieindex	Hebel 4
Start	100,00 €	100,00 €	Start
-5,00%	95,00 €	80,00 €	-20,00%
-5,00%	90,25 €	64,00 €	-20,00%
-10,00%	81,23 €	38,40 €	-40,00%
5,00%	85,29 €	46,08 €	20,00%
-10,00%	76,76 €	27,65 €	-40,00%
10,00%	84,43 €	38,71 €	40,00%
19,00%	100,48 €	68,12 €	76,00%

Wie wir sehen können, haben wir das ursprüngliche Preisniveau des Basiswertes wieder erreicht, der Strategieindex hingegen steht 32 Prozent tiefer. Und nun kommt die wichtigste Erkenntnis aus diesem Beispiel. Je länger sich ein Markt seitwärts bewegt, desto mehr verliert mein Strategieindex an Wert. Hebelprodukte sollten lediglich in starken Trendmärkten eingesetzt werden, um überproportional an einem Kursanstieg zu partizipieren. Folgend habe ich das eben genannte Beispiel noch einmal mit einer anderen Grafik dargestellt.

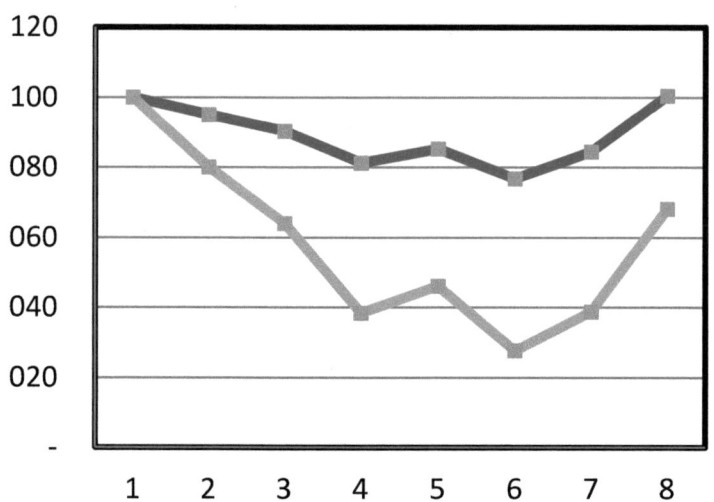

Basiswert vs Strategieindex (Hebel)

Den Einstiegskurs verbilligen!

Um auf das Verbilligen des Einstiegskurses etwas genauer eingehen zu können, muss ich an dieser Stelle etwas weiter ausholen und zunächst erst einmal wo anders anfangen.

Im Handel, in kleineren Zeitperioden, wie zum Beispiel im Daytrading, ist diese Vorgehensweise eine der todbringenden Faktoren für das Handelskonto. Allerdings muss man den Begriff verbilligen, erst einmal definieren. Im Daytrading wird bei einem gesund geführten Risiko- und Moneymanagement, vor Eingang der Position, ein fester Betrag definiert, welchen ich als Initialrisiko bezeichne. Mit anderen Worten ist dies nichts anderes als ein Betrag, den ich maximal bereit bin zu verlieren. Je nach Handelsausrichtung ist dieser Betrag nicht höher als zwei Prozent. Wenn man beispielsweise als Anfänger mit einem Konto von 5.000 Euro handelt, würde dies einem Betrag von 100 Euro pro Trade entsprechen. Das Risiko lässt sich relativ leicht kontrollieren, da wir mit einem festen Stopp arbeiten. Eröffne ich also eine Position in Longrichtung und setze somit auf steigende Kurse, wird die Position geschlossen, wenn der von mir definierte Initialbetrag von 100 Euro erreicht ist.

Stoppsetzung mit einem fest definierten Risikobetrag

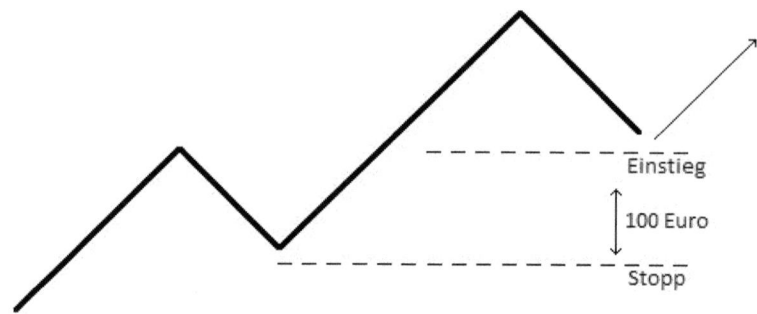

Definieren wir nun einmal das Verbilligen. Wenn wir bei dem von eben genannten Beispiel bleiben und den Stopp weiter unter den Markt setzen würden, um beispielsweise weitere 100 würden wir von verbilligen sprechen, da wir den fest definierten Risikobetrag überschreiten. Ein solches Szenario kommt meist zustande, wenn Händler nicht bereit sind, ihre Verluste zu akzeptieren. Ausgenommen hiervon ist Kaufen in mehreren Tranchen. Dies würde bedeuten, wenn wir wieder von einem maximalen Risikobetrag von 100 Euro sprechen, allerdings erst einmal eine Testposition von 50 Euro kaufen um einen Durchschnittskurs zu erzielen, wenn wir die zweite Position von 50 Euro eingehen. Wir sprechen hier von einem weichen Einstieg, da wie nicht wissen, wie tief ein Markt fällt.

Verbilligen des Einstiegskurses um den erneuten Risikobetrag

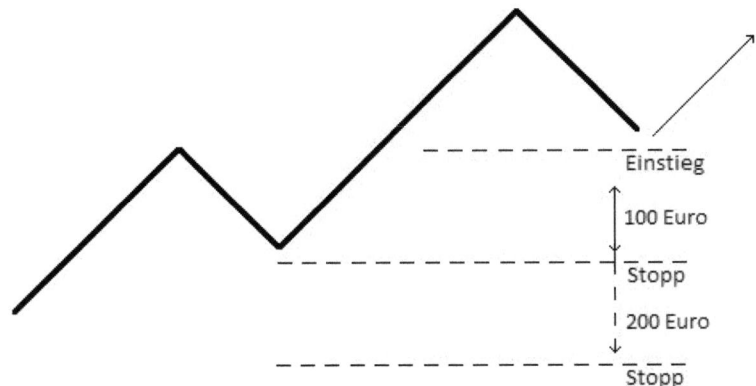

Der Einstieg in mehreren Tranchen

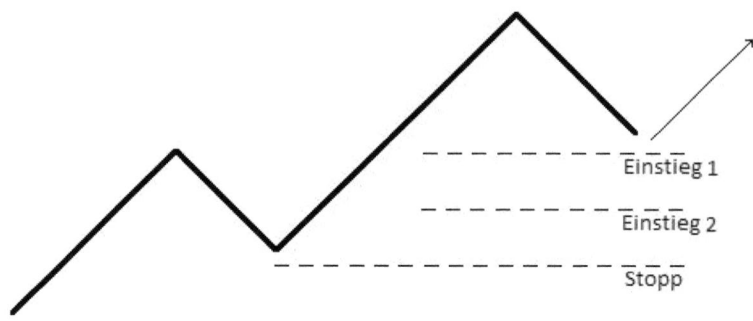

Welche Botschaft möchte ich an dieser Stelle für das Investieren mit auf den Weg geben? Wer etwas aufgepasst hat, weiß genau, worauf ich hinaus möchte. Auch hier gibt es ein festes Regelwerk, welches uns ermöglichen soll Verluste gering zu halten. Dies tut man, in dem man von vorne herein einen festen Betrag für die jeweilige Gesamtposition des zu investierenden Kapitals definiert – wie bereits in einem vorherigen Abschnitt beschrieben, sind dies 1/10 des Gesamtkapitals. Da wir uns, wie bereits erwähnt, beim Investieren in extrem großen Zeitperioden befinden, ist ein enger Stopp im Markt kontraproduktiv. Aber auch hierbei sollte man nicht den Fehler machen und die Gesamtposition im Nachhinein versuchen zu verbilligen, nur weil der Markt etwas gegen mich läuft. Mit einer zu großen Position würde man somit zu viel Geld auf ein einzelnes Pferd setzen, was mein Risiko deutlich erhöht. Es spricht allerdings nichts dagegen, meine Investmentposition in mehreren Tranchen einzugehen.

Betrachten wir die ganze Thematik an dieser Stelle einmal etwas genauer, kommen wir zu der Erkenntnis, dass diese Systematik reine Definitionssache ist und jedem von vorneherein klar sein muss. Jeder muss vor Eröffnung einer Position wissen, wie er in den Markt einsteigen möchte und wie er diesen wieder verlässt. In einem späteren Kapitel gehe ich auf den Handelsplan ein, in welchem ein Händler seine Vorgehensweise von vorneherein definieren kann.

Ein professioneller Bergsteiger und ein professioneller Börsenhändler wissen im Vorfeld genau, was sie tun. Der Bergsteiger muss jede Etappe genauestens planen, den Wetterbericht ständig vor Augen haben und auf alle Eventualitäten vorbereitet sein. Der Trader hingegen muss ebenfalls wissen, wo er die Position im Gewinn schließt und auf welchem Level er sein Risiko begrenzt. Selbstverständlich gibt es Sondersituationen, welche schwer zu kalkulieren sind, wie eine Lawine oder ein Börsencrash, aber auch das Potential solcher Situationen sollte jeder im Vorfeld kennen.

Der Handelsplan

Im Folgenden habe ich einmal einen Handelsplan als groben Leitfaden aufgeführt. Für einen solchen Handelsplan gibt es keine Musterschablone, da ein solcher Handelsplan an die individuellen Bedürfnisse des Händlers oder des Investors auszurichten ist. In jedem Fall sollten allerdings die wichtigsten Regeln klar definiert sein. Ein solcher Plan schützt einen Händler sehr oft in Situationen, in denen er dazu geneigt ist, seine Entscheidungen auf einer emotionalen Ebene zu treffen und nicht auf einer rationalen Ebene. Ein solcher Plan sollte also niemals allzu weit von seinem Handelsdesk entfernt liegen, denn ein Blick auf diesen Plan reicht in kritischen Situationen sehr oft aus um einen kühlen Kopf zu behalten.

Muster

1. Strategien

Hierbei werden die einzelnen Handelsstrategien und die daraus resultierenden Parameter definiert. Hier könnte zum Beispiel definiert sein, dass man lediglich liquide Aktien handelt, welche mindestens 30 Prozent unter Buchwert gehandelt werden oder sich in allen Trendgrößen in einem intakten Aufwärtstrend befinden.

2. Tradingregeln

Unter diesem Punkt werden die einzelnen Tradingregeln definiert. Eine Regel könnte beispielsweise sein, dass keine Aktienpositionen mit einem Smartphone oder gar von unterwegs eröffnet werden. Eine weitere Regel könnte lauten, dass beim Investieren in maximal drei Tranchen in einen Markt eingestiegen wird. An dieser Stelle wird noch einmal darauf hingewiesen, dass es sich hierbei nicht um das künstliche verbilligen von Verlustpositionen handelt, da dieses Szenario von vornehrein definiert wird.

3. Aktuelle Managementregeln

Die Managementregeln sind der eigentliche Kern eines Tradingplans und können folgende Punkte umfassen.

CRV	:	Mindestens 1:1
Positionen parallel	:	Drei Positionen
Stopp	:	Situativ
Anlagehorizont	:	Fünf Jahre
Derzeitiges Risiko	:	10 % meiner Equity pro Trade
Gehandelte Märkte	:	Blue Chips

Wichtige Regeln

Im Folgenden habe ich einmal meine wichtigsten Handelsregeln, in Bezug auf meinen Handelsstil, aufgeführt. Jeder Handelsstil hat seine eigenen Regeln. Regeln, die für diesen Handelsstil zutreffen, können für andere Handelsansätze völlig unpassend sein. Gerade, wenn wir das Traden mit dem Investieren vergleichen, kommen wir zu der Erkenntnis, dass gerade die Regeln der Stoppsetzung, beim Investieren im Trading, den Tod für das Konto bedeuten würden. Jeder sollte die Regeln für seine Handelsausrichtung kennen und diese auch verstehen. Nur wer die Regeln versteht und verinnerlicht, wird langfristig eine Chance an den Märkten haben.

- Ich eröffne keine Position mit dem Smartphone. Nutze es lediglich zur Trade-Überwachung.

- Investiere nur in Unternehmen, deren Geschäftsmodell du auch wirklich verstehst.

- Plane vor jedem Investment die Haltedauer.

- Nutze niemals kurzfristiges Kapital für langfristige Investitionen.

- Halte stets deine Risikoparameter ein.

- Denke stets langfristig.

- Versuche stets ohne Emotionen zu handeln.

- Habe immer einen Plan.

- Investiere nicht in korrelierende Märkte.

- Achte bei jeder Investition darauf, in welchem Konjunkturzyklus sich die Wirtschaft gerade befindet.

- Kenne stets dein Risiko.

- Frage dich bei jeder deiner Aktionen, ob das was du tust, professionell ist.

- Handele selektiert. Weniger ist mehr.

Der Blick für das große Ganze!

Diese besagte Überschrift dieses Abschnittes bringt die wesentliche Kernbotschaft, welche an dieser Stelle vermittelt wird, kurz und prägnant auf den Punkt. Die meisten wissen auch, was damit gemeint ist oder vielmehr, was sich dahinter verbirgt – aber Dinge richtig taxieren zu können, heißt noch lange nicht, die Fähigkeit zu besitzen, eine Sache richtig anwenden zu können oder gar daraus Kapital zu schlagen.

Oftmals verrennen sich Händler, Trader, Investoren oder auch andere Personenkreise, welche etwas mit dem Handel von Finanzinstrumenten zu tun haben, in einzelne Werte. Die Gründe sind von unterschiedlichster Natur – oftmals sind unkontrollierte Emotionen die Ursache für eine solche Entscheidung. Um die Sache etwas genauer zu beleuchten, möchte ich an dieser Stelle ein kurzes Beispiel geben.

Nehmen wir einmal einen jungen Mann, den ich Alex nenne. Dieser besagte Mann namens Alex geht einem Arbeitnehmerverhältnis bei einem Energieunternehmen nach, welches an der Börse gelistet ist. Ahnung hat er keine von Aktien, geschweige denn von den Finanzmärkten, er weiß aber, dass viele seiner Arbeitskollegen Aktien von dem Unternehmen in ihr Depot gekauft haben. Um kein Außenseiter zu sein und in den Pausen auch bei gewissen Themen, rund um die Finanzmärkte, mitreden zu können, legt sich Alex ebenfalls Aktien des besagten Unternehmens, zum aktuellen Marktpreis in sein Depot, denn vorsorgen für das Alter ist nie verkehrt.

Alex halt also eine Aktienposition in seinem Depot, ohne überhaupt zu wissen, warum er die Aktien eigentlich gekauft hat. Er hat sich maximal darüber informiert, wie hoch die Dividendenausschüttung seines Unternehmens ist. Er wird aber wahrscheinlich nicht wissen, in welchem Konjunkturzyklus wir uns gerade befinden, geschweige denn ob wir uns in einem Bullen- oder Bärenmarkt befinden. Die wenigsten Menschen haben den Mut, in einem Bärenmarkt einzusteigen, obwohl sie sich im Vorfeld vielleicht sogar vorgenommen haben, diesen oder jenen Wert bei einem Kursverfall von X Punkten in das Depot zu kaufen, weil sie der Annahme sind, dass es vielleicht noch etwas tiefer geht. Die negativen Nachrichten untermalen oftmals noch die Entscheidung des Wartens und Hoffens.

In vielen Werken diverser Autoren, in welchen es um das Investieren in Finanzinstrumente geht, wird die Botschaft herübergebracht, man solle Aktien dann kaufen, wenn das Blut durch die Straßen fließt, mit anderen Worten gesagt, in massiv fallenden Märkten Investitionen tätigen. Wahrscheinlich würde ich fast jede Wette gewinnen, wenn ich darauf setzen würde, dass mehr als 90 Prozent der Kleinanleger, in einer solchen Situation, nicht den Mut dazu haben, einen solchen Schritt zu wagen, auch wenn sie es sich von vorneherein vorgenommen haben.

Wie bereits zu Beginn umschrieben, reicht es nicht aus, eine Sache zu verstehen und richtig zu interpretieren. Um eine Situation in bares Geld verwandeln zu können, benötigt man zudem Disziplin, welche meist nur aus jahrelanger Erfahrung resultiert.

Die Quintessenz dieses Abschnittes kombiniert also zwei wichtige Aspekte miteinander. Zum einen haben wir gelernt, dass es wichtig ist, nicht nur sein Unternehmen im Blick zu haben, sondern auch zu Wissen was im gesamten Kosmos der Finanzen gerade für ein Theater gespielt wird. Zum anderen wird erläutert, dass Emotionen in den meisten Fällen einen potentiellen Investor davon abhalten, in gewissen Situationen Entscheidungen zu treffen, auch wenn das Ziel von vorneherein definiert wurde.

Viele wissen im Nachhinein nicht, warum sie diesen oder jenen Wert nicht in ihr Depot gekauft haben, weil sie die Ursachen für dieses Verhalten nicht kennen. Wenn ich also weiß, wie die Psyche eines Menschen in solchen Situationen funktioniert, fällt es einem weniger schwer, zukünftig solche Situationen gewinnbringend für den eigenen Handel zu gestalten.

Die richtige Einstellung bringt den Erfolg!

Erfolg ist ein sehr dehnbarer Begriff. Manche Händler würden eine durchschnittliche Performance von drei Prozent im Jahr als Erfolg betrachten, manche aber auch 20 Prozent oder mehr. Viele Anfänger handeln verhältnismäßig kleine Konten, deswegen empfindet diese Personengruppe eine einstellige Performance nicht als Erfolg. Ich selber habe viele Leute kennengelernt die verhältnismäßig kleine Konten handeln, ein Problem hatten aber alle – egal wie gut sie waren. Nahezu keiner von ihnen hat jemals seine Performance im Prozentsatz gemessen, lediglich im Prozentwert.

Jemand, der ein Konto mit einer Kapitalisierung von 10.000 Euro hat und es schafft, in einem Jahr 1.000 Euro zu verdienen, wird wahrscheinlich niemals glauben, dass er ein erfolgreicher Händler oder Trader ist. Betrachtet man die Münze jedoch aus einer anderen Perspektive und rechnet die 1.000 Euro in einen Prozentsatz um, kommt man auf 10 Prozent.

Und jetzt stellen wir uns einmal diesen besagten Händler vor, dem wir den Namen Jan geben. Jan geht abends, mit seinen Freunden, in einen Biergarten in München, um den schönen Sommerabend bei einem kalten alkoholischen Getränk ausklingen zu lassen. Da jeder der anwesenden Personen weiß, dass Jan ein privater Börsenhändler ist, wird irgendwann zum Thema Finanzen gewechselt. Wenn eine der Personen Jan nach seinem durchschnittlichen Gewinn im letzten Jahr fragen würde, wäre es wahrscheinlich für ihn sehr unangenehm, wenn er sagen würde, er hätte ganze 1.000 Euro verdient. Wahrscheinlich würde es ihm wesentlich leichter fallen, zu sagen, er hätte eine Performance von 10 Prozent erzielt – und genau darauf kommt es an.

Wenn Jan die verdienten 1.000 Euro auf seinem Konto lässt, hat er im folgenden Jahr 11.000 Euro zur Verfügung. Zusätzlich hat er die Möglichkeit weiteres Tradingkapital durch effektives Sparen zu akkumulieren und seinem Konto somit zu schnellerem Wachstum zu verhelfen. Mein Handelsstil ist nicht darauf ausgelegt, heute oder morgen den großen Deal zu machen, der einen direkt ins Universum katapultiert. Es ist lediglich darauf ausgerichtet, langsam und kontinuierlich Geld am Markt abzuschöpfen.

Kommen wir nun noch einmal auf die Performance zurück. Viele Menschen assoziieren einen professionellen Händler mit einem millionenschweren Konto. Ich mache es von der Art und der Vorgehensweise und der durchschnittlichen Performance abhängig. Selbstverständlich ist es nahezu unmöglich, mit einem Konto von 1.000 Euro professionell zu handeln, da die Transaktionskosten im Verhältnis zum potentiellen Gewinn einfach zu hoch sind. Hinzu kommt, dass viele Produkte aufgrund der Risikoparameter gar nicht gehandelt werden können. Die Quintessenz dieses Abschnittes bezieht sich lediglich auf die richtige Betrachtungsweise, welche richtig gewählt, dem Händler einen psychologischen Vorteil bringt. In den folgenden Skizzen habe ich die ganze Thematik noch einmal visuell aufbereitet.

Fundamental betrachtet hat der Prozentsatz stets die gleiche Gewichtung wie der Prozentwert.

Kontostand = 10.000 Euro

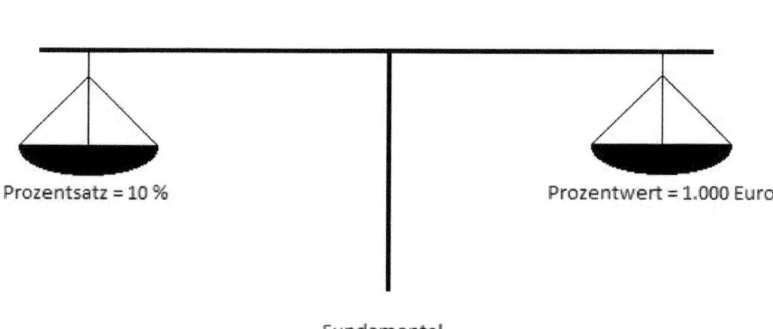

Prozentsatz = 10 %

Prozentwert = 1.000 Euro

Fundamental

Aus psychologischer Sicht hat der Prozentsatz jedoch eine höhere Gewichtung als der Prozentwert.

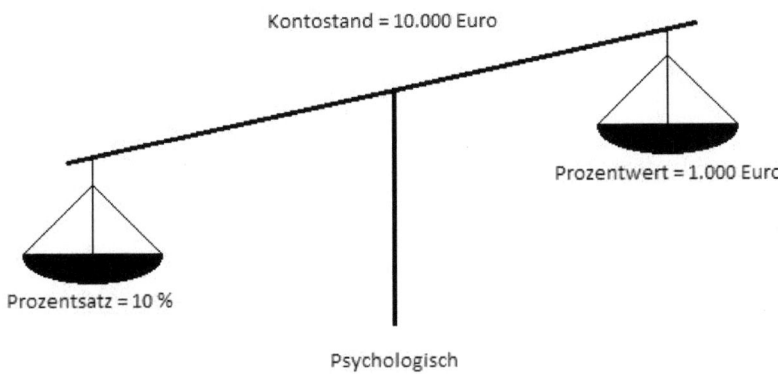

Den Sack zu machen!

Dieser Abschnitt ist angelehnt an das erste Kapitel, wo der Dispositionseffekt erläutert wurde. Gerade Anfänger sind es, die massive Verluste erleiden, da dieser Effekt ihre Emotionen Achterbahn fahren lässt.

Die wesentliche Kernbotschaft aus diesem Kapitel hat keine andere Bedeutung als Gewinne laufen lassen und Verluste begrenzen. Diesen Satz kennt jeder Anfänger, er ist allerdings, richtig angewendet, eine der größten Waffen eines professionellen Händlers. Viele können diesem Satz nichts abgewinnen, da er, zugegeben, sehr plakativ klingt. Es ist lediglich die Erfahrung, die es einem Händler oder Trader ermöglicht diesen Satz als Waffe einzusetzen.

Um an die Thematik rund um den Dispositionseffekt den richtigen Anknüpfungspunkt zu finden, möchte ich an dieser Stelle noch einmal eine Sache ins Gedächtnis rufen. Wir haben erfahren, dass gerade Anfänger oder Menschen mit weniger Erfahrung dazu neigen, im Verlustfall risikofreudig zu werden und im Gewinnfall risikoavers. Diesen Effekt findet man nicht nur im Trading wieder, sondern in sämtlichen Bereichen, wo Geld mit Geduld gekoppelt, ein Ergebnis produziert. Wenn ich mich an die Zeit zurückerinnere, wo ich in diversen Spielcasinos mein Glück im Roulette gesucht habe und der Meinung war alles im Griff zu haben, waren die gleichen Parallelen zu erkennen.

Wie in meinem ersten Buch bereits geschildert, hatte ich in jungen Jahren mit einer Verdoppelungsstrategie beim französischen Roulette versucht kontinuierlich Geld aus dem Casinokreislauf abzuschöpfen, was mir zunächst erst einmal eine ganze Zeit lang gelang. Ich setzte beispielsweise einen Geldbetrag von 50 Euro auf eine Farbe und verdoppelte im Verlustfall mein Risiko. Der Einsatz wurde im Verlustfall so oft verdoppelt, bis ein Gewinn da war. Ich nahm also einen großen Verlust in Kauf um einen kleinen Gewinn zu realisieren. Was ich zu diesem Zeitpunkt allerdings noch nicht wusste war, die Erkenntnis, dass meine Chancen bei jedem Versuch geringer waren als 50 Prozent. Ich hatte also einen negativen Erwartungswert, was auf Dauer das Konto kostet. Es gab 18 schwarze und 18 rote Felder und zusätzlich die Zahl Zero, welche ebenfalls eine negative Zahl war.

Es konnte sein, dass wenn ich auf die Farbe Rot gesetzt hatte, fünf Mal hintereinander die Farbe Schwarz kam, bevor die Kugel auf ein rotes Feld fiel. Mit anderen Worten hatte ich bis dahin 1550 Euro verloren bis ich meinen Einsatz plus 50 Euro Gewinn verbuchen konnte. Das ganze sah dann wie folgt aus: $50 + 100 + 200 + 400 + 800 = 1550$. Verlor ich also fünf Mal in Folge musste ich beim sechsten Versuch 1600 Euro auf eine Farbe setzen um meine bisher verlorenen 1550 Euro wieder reinzuholen - plus meine 50 Euro Gewinn. Spätestens an dieser Stelle erkennt jeder, wie unsinnig eine solche Vorgehensweise unter diesen Rahmenbedingungen ist.

Im Großen und Ganzen ist die ganze Sache nichts anderes als einfache Mathematik. Ein negativer Erwartungswert lässt das Konto auf lange Sicht langsam aber sicher schrumpfen. Eine Verdoppelungstaktik geht lange gut, aber irgendwann vernichtet eine Serie von negativen Versuchen den kompletten Gewinn inklusive Einsatz.

Diese Thematik hat zunächst erst einmal weniger mit der Überschrift dieses Abschnittes zu tun, bildet jedoch die Basis für den Erfolg. Nur, wenn man weiß, wann man dazu geneigt ist, risikofreudig oder risikoavers zu reagieren, kann man diese Schwäche als Stärke nutzen. In meiner Roulettezeit wusste ich gar nicht, warum ich so reagiere und sogar bis hin zu meinen ersten Trades. Erst nach vielen Jahren lernte ich im Verlustfall die Nerven zu behalten und im Gewinnfall zu wissen, wann der richtige Zeitpunkt gekommen ist, den Sack zu zumachen.

An dieser Stelle möchte ich erläutern, dass niemand den Kursverlauf eines Marktes vorhersehen kann und somit zu wissen vermag, wann man eine Position schließt. Es kann immer sein, dass eine Aktie nach Verkauf noch weitere zehn Prozent zulegt. Die Erfahrung lehrt uns lediglich, das potentielle Risiko mit dem potentiellen Gewinn in das richtige Verhältnis zu setzen.

Wer diese Grundlagen verstanden und verinnerlicht hat, ist einen ganzen Schritt weiter. Vom Prinzip her versteht jeder, der diese These erläutert bekommt, worum es geht, jedoch dauert es eine ganze Weile, bis man die erlernte Theorie in die Praxis umsetzen kann.

Die Schablone

Nahezu jeder Anfänger wird zu Beginn seiner Tradingkarriere mit dieser Thematik konfrontiert. Es ist das Schablonendenken, nach dem Ursache/Wirkungsprinzip: „wenn – dann".

Oftmals spielt die Tradingindustrie eine große Rolle bei diesem Irrtum, da durch den gezielten Einsatz von Medien, Anfänger in diese Gedankenmuster hineingedrängt werden. Diese besagten Anfänger, zu denen auch ich einmal gehört habe, sind der Annahme, irgendeine Strategie XY in eine beliebigen Markt zu pressen oder gar in einen Chart.

Selbst ich liefere in meinen Büchern Gedankenansätze bis hin zu Strategien, welche jedoch, um es an dieser Stelle noch einmal zu erwähnen, nicht für jeden Markt sowie jeder Marktlage zu empfehlen, sondern individuell an den jeweiligen Handelsstil anzupassen sind.

Es gibt allerdings gewisse Grundregeln welche stets zu beachten sind, welche im Schwerpunkt psychologischer Natur sind sowie Grundlagen des Risiko- und Moneymanagements.

Ich selber lebe nach der Philosophie, dass niemand einen Markt vorhersehen kann, geschweige denn, den Kursverlauf. Es sind lediglich statistische Vorteile, welche uns auf die Summe unserer Versuche einen positiven Erwartungswert generieren und somit einen Gewinn.

In vielen Fällen wird gerade am Anfang dieser Sachverhalt durcheinander gebracht. Es kommt nicht gerade selten vor, dass eine Strategie zunächst erst einmal Verluste produziert, welches nichts anderes ist als ein Drawdown. Gerade Anfängern fehlt in solchen Phasen die Erfahrung und sind im festen Glauben, dass sie die falsche Strategie gewählt haben oder gar von jeder Person, welche einem diese Strategie empfohlen hat, betrogen worden sind.

Es sind oft nicht die Strategien, welche schlecht sind, sondern vielmehr die Menschen, welche eine Strategie versuchen zu handeln.

Spätestens an dieser Stelle sollte jeder wissen, aus welchem Grund der psychologische Faktor in meinem Tradingkosmos, die mit Abstand größte Gewichtung hat, im Verhältnis zur Strategie und zum Risiko- und Moneymanagement.

Full Pitch Nose Down

Es war Freitag der fünfte März 2010 als Captain Brandon, der bei seinen Kollegen nur unter dem Namen Brandy bekannt war, vom Hotel zur Arbeit fuhr. Er nutzte wie immer den Shuttel Service zum Miami International Airport (MIA), wo seine Crew schon auf ihn wartete. Es war 09:15 Ortszeit, als Brandy mit seiner Crew die Maschine betrat. Wie so oft genoss Brandy in der Morgensonne von Südflorida eine Tasse Espresso im Cockpit des A320, zusammen mit seinen Co-Piloten Jim Terry. Alles schien nach einem ganz normalen Routineflug von Miami nach Houston.

Es gab an diesem sonnigen Morgen kaum Verzögerungen, sodass er rasch eine Startfreigabe vom Tower bekam. Captain Brandon war über 30 Jahre als Pilot tätig und zählte zu den erfahrensten Piloten seiner Fluggesellschaft. Nach wenigen Minuten hatte er mit seinem A320 eine Flughöhe von 6.000 Fuß erreicht (ca. 1.800 Meter) und befand sich weiter im Steigflug. Die Reiseflughöhe die Captain Brandon mit seinem Flugzeug erreichen wollte betrug 12.000 Meter, welche er jedoch nie erreichen sollte. Kurze Zeit später bei ca. 7.100 Fuß bemerkte er einen dumpfen Knall und einen daraus resultierenden Schubverlust in beiden Triebwerken. Was genau zum Ausfall der Triebwerke geführt hatte, konnte bis heute nicht vollständig geklärt werden. Man vermutet, dass es ein Kurzschluss war, der diese Misere verursacht hat.

Fakt war das ihm aus einer Flughöhe von 2164 Metern nur wenige Minuten Zeit bleiben sollten, bis die Maschine Bodenkontakt hat. Er hatte mehrere Opportunitäten um einen Flughafen anzusteuern. Die Flugsicherung empfahl ihm den Flughafen von Fort Myers anzusteuern, welcher jedoch noch etliche Meilen entfernt war. Die andere Möglichkeit war den Vogel in West Palm Beach zu landen. Er passierte mit seiner Maschine das östliche Ufer des Lake Okeechobee und traf eine folgenschwere Entscheidung. Sein Co-Pilot Jim fing direkt an eine mehrseitige Checkliste abzuarbeiten und war voll in seinem Element. Bei den Passagieren kam langsam eine Unruhe auf, welche die Bord Crew versuchte zu lindern.

Brandy versetzte das Flugzeug in eine starke Linkskurve und flog im direkten richten Richtung Süden auf die Interstate 75 zu. Er teilte der Flugsicherung mit das er mit seinem Flugzeug in den Everglades landen wolle, da es zu riskant sei die Flughäfen anzusteuern. Selbstverständlich wäre es die sinnvollste Lösung des Problems einen Flughafen anzusteuern, jedoch machte ihm eine Komponente einen dicken Strich durch die Rechnung – Zeit. Er passierte mit wenigen hundert Metern Flughöhe die Interstate 75, bevor er die Maschine mit einem Winkel von 11 Grad zur Notlandung ausrichtete. Der Aufprall war sehr hart und die ganze Maschine Knirschte und Rumste. Die meisten der Passagiere dachten, dass sie diese Notlandung nicht überleben werden. Captain Brandon jedoch war absolut auf das Wesentliche fokussiert und schaffte es somit jegliche Art von

Emotionen nahezu vollständig auszublenden und die Maschine in den Sümpfen zu landen. Selbstverständlich gehört in solchen Situationen auf immer ein gewisser Funke Glück dazu.

Wie durch ein Wunder schaffte es Brandy den A320 ohne den Verlust von Menschenleben in den Everglades zu landen. Es war die Erfahrung und die daraus resultierende Selbstsicherheit, die ihm diese Handlung ermöglichte. In einem Interview später sagte er, dass es einzig und allein seine Erfahrung gewesen ist, die ihn diese extreme Situation bestehen lies.

Diese Geschichte beruht auf einer wahren Begebenheit, welche sich auf ähnliche Weise zugetragen hat.

Sieger im Crash

In der vorigen Geschichte ging es um Captain Brandon, welcher ein Flugzeug aus einer Flughöhe von 7.100 Fuß bei vollständigem Turbinenausfall in den Everlades Notlandete und dieser Vorfall keine Menschenleben forderte. Viele fragen sich an dieser Stelle wahrscheinlich, was diese Geschichte mit dem Börsenhandel zu tun hat. Im Nachhinein betrachtet hätte es mehrere sinnvolle Möglichkeiten gegeben, diese Situation zu meistern, jedoch machte der Capitain, meiner Meinung nach, alles Richtig. Er traf eine Entscheidung. Es ist keine Kunst in alltäglichen Situationen Entscheidungen zu treffen und diese zu meistern. Die hohe Kunst ist es, in extremen Situationen die richtigen Entscheidungen zu treffen.

An der Börse ist das ähnlich. Ich selber habe bereits zwei große Börsencrashs überstanden und kenne die Emotionen, welchen ich in diesen extremen Situationen ausgesetzt bin. Im Sommer 2018, wo der DAX um die 12.000 Punkte pendelte, sagte ein Bekannter zu mir, dass er auch anfangen wolle mit Aktien zu handeln, aber er noch etwas warten wolle, bis die Märkte korrigieren. Ich fragte ihn, bei welchem Preisniveau er erste Positionen aufbauen wolle, er antwortete mir, wenn der Crash kommt.

Auch im Crash werden viele potentielle Anleger keine Aktien kaufen, da sie zu starken Emotionen ausgesetzt sind und daraus resultierend keine rationalen Entscheidungen treffen können, da die Angst vor Verlust sie davon abhält.

Dieser Satz war meine Antwort auf seine Aussage, welche ich noch weiter ausweitete. Ich selbst hatte in der Immobilienkriese von 2008 immer die Angst, zu teuer zu kaufen und versuchte den Markt zu timen, was aus heutiger Sicht nahezu unmöglich ist. Man denkt quasi, dass die Märkte noch weiter fallen und wartet weiter auf den richtigen Zeitpunkt. Dreht der Markt wieder nach oben verfällt man rasch dem Gefühl, zu teuer zu kaufen, obwohl die Märkte noch 50 Prozent vom Allzeithoch entfernt sind. Das liegt daran, dass der Mensch immer in Relationen denkt und an der Börse immer nur die jüngsten Kursverläufe in Bezug setzt. Das Resultat ist dann meist, dass gar keine Käufe getätigt werden, da man bei steigenden Kursen denkt, den Einstiegspunkt verpasst zu haben.

Wer ein solches Gefühlsszenario bereits durchlebt hat, weiß, wie man in solchen extremen Situationen reagiert und kann sich somit beim nächsten Mal darauf vorbereiten. Deswegen gibt es an der Börse und auch in allen anderen Dingen eine wichtige Komponente, welche uns in extremen Situationen rationale Entscheidungen treffen lässt, losgelöst von jeglichen emotionalen Einflüssen. Es ist die Erfahrung, wie bereits an anderer Stelle erwähnt!

Und das Beste kommt zum Schluss

Am Ende dieses Buches habe ich noch ein paar Dinge, welche ich an dieser Stelle loswerden möchte. Zunächst möchte ich mich bei jedem Leser ganz herzlich bedanken und hoffe, dass jeder etwas mitnehmen konnte, auch, wenn es nur ein kleiner Funke ist. Ich selber bin in meiner Vergangenheit viel umher gereist, habe etliche Seminare besucht, obwohl mir die Seminarinhalte bereits vollumfänglich bewusst waren.

Im Nachhinein betrachtet, gab es aber kaum ein Seminar, bei dem ich nicht etwas mitgenommen habe, auch, wenn es nur ein kleiner Satz war. Der Grad an der Börse zwischen einem Gewinner und einem Verlierer ist, wie von mir bereits mehrfach erwähnt, sehr schmal und daher kommt es auf die Details an.

Es wird an den Märkten auch Phasen geben, in denen es den Anschein macht als würde euer Handel nicht nach Plan laufen. Gerade beim Investieren, ist der Händler oft langen Durststrecken ausgesetzt, für welche er ein ausgeprägtes und starkes Selbstbewusstsein braucht oder auch mentale Stärke. Auch Verluste zu akzeptieren und mit ihnen umzugehen, gehört zu den Tugenden eines Händlers. Verluste sind vom Prinzip her nichts Schlechtes und gehören, wie Betriebsausgaben, in eure Handelsbilanz. Bleibt stets eurem Handelssystem treu und langfristig werdet ihr für euer Tun belohnt werden.

Das Börsen-ABC

Aktie
Eine Aktie ist ein Wertpapier, welches einen Anteil am Kapital einer Aktiengesellschaft definiert.

Bearish
Fallend in Bezug auf den Handel.

Blue Chip
Dieser Begriff kommt aus dem Amerikanischen und definiert Standartaktien mit einer verhältnismäßig hohen Marktkapitalisierung. Diese sind in der Regel in den Leitindizes zu finden.

Buchwert
Dieser gibt den Bilanzwert einer Aktie oder eines Unternehmens an.

Bullish
Steigend in Bezug auf den Handel.

CFD (contract for difference)
Partizipation an Märkten, ohne Position physisch zu besitzen.
Hierbei wird eine Margin beim Broker hinterlegt.

Chart
Visualisierung einzelner Kursverläufe in der jeweils selektierten Zeiteinheit.

Dividende
Als Dividende bezeichnet man die Ausschüttung des Gewinns einer Aktiengesellschaft.

ETF (exchange traded fund)
Börsengehandelter Fond.

Forex (Foreign exchange market)
Bezeichnet man als Devisenmarkt.

Kerzen
Gesonderte Visualisierung einzelner Zeitperioden.

Long
Ausrichtung auf steigende Kurse.

Short
Trendrichtung auf fallende Kurse.

SL (stop loss)
Ein vom Händler definierter Stopp, an dem eine Order im Verlust automatisch geschlossen.

Trading
Der Handel mit Finanzinstrumenten jeglicher Art.

Interview mit dem Autor

Wie viel Performance kann man mit dem Börsenhandel im Jahr erzielen?

Das lässt sich, wenn ich nur ein Jahr betrachte, schwer prognostizieren. Man sollte den Durchschnittswert mehrerer Jahre als Richtwert nehmen. 20 Prozent halte ich als durchschnittliche Performance für durchaus realistisch, wobei es auch mal Jahre gibt, in denen 40 Prozent drin sind, aber auch andere Jahre, wo es nur fünf Prozent sind. Performance ist nie planbar, sondern davon abhängig, wie viel der Markt mir gibt.

Wie lange braucht man, bis man dauerhaft profitabel handeln kann?

Es hängt von jedem selbst ab, wie lange das dauert. Wie in jedem anderen Beruf muss man erst mal das Handwerk erlernen, bevor man wirklich starten sollte. An der Börse besteht jedoch das Problem, dass jeder sofort loslegen kann, ohne Führerschein sozusagen. Ich selber habe sechs Jahre gebraucht, bis ich wirklich profitabel handeln konnte.

Warum scheitern die meisten Trader?

Das hat mehrere Gründe. Die meisten haben zu Beginn die falschen Erwartungen und setzen sich utopische Ziele. Viele wollen gar nicht traden und sich mit den Grundlagen auseinandersetzen, sondern das schnelle Geld machen. Diese Gier ist meistens mit einem exorbitanten Risiko erkauft, was in der Folge dann häufig im Totalverlust endet. Andere haben einfach nicht die Disziplin, sich an Regeln zu halten oder sich wissen anzueignen.

Würden Sie anderen zum Börsenhandel raten?

Wenn ich von jemandem entsprechend gefragt werde, stelle ich zunächst die Gegenfrage nach den Zielen dieser Person. Wenn ich dann die Antwort bekomme, dass man aus 1.000 Euro innerhalb eines Jahres eine Million machen wolle, rate ich stets davon ab, da das Ganze nichts mit seriösem Trading zu tun hat, sondern vielmehr mit Zocken. Jenen aber, die antworten, dass sie mit einem kleinen Konto starten möchten, sich Wissen aneignen und es mit Leidenschaft tun wollen, denen rate ich nicht davon ab.

Gibt es auch andere Strategien, die Sie empfehlen können?

Es gibt natürlich verschiedene Strategien, die es einem Händler ermöglichen, profitabel zu handeln. Jeder muss eben die Strategie finden, die am besten zu einem passt. Empfehlen würde ich nur Strategien, die an ein gesundes Risiko- und Moneymanagement gekoppelt sind und einen positiven Erwartungswert aufweisen.

Was würden Sie einem Anfänger zu Beginn raten?

Zunächst einmal würde ich dazu raten, ein Demokonto zu eröffnen um somit zu testen, ob das Trading wirklich etwas für einen ist. Seminare und Webinare sind in jedem Fall eine wichtige Einstiegshilfe, denn ohne professionellen Beistand dauert es meistens sehr lange, bis der Neuling echte Fortschritte macht. Wenn man dann wirklich soweit ist, dass man (unter Berücksichtigung von Risiko- und Moneymanagement) dauerhaft Gewinne erzielt, kann man ein erstes Livekonto eröffnen, natürlich erst einmal mit einem kleinen Betrag.

Warum bieten viele der professionellen Händler Seminare und Webinare an?

Böse Zungen behaupten, dass diese Händler nicht allein vom Börsenhandel leben können. Für einige mag das zutreffen, viele sehnen sich aber auch nach sozialen Kontakten, da man leicht vereinsamen kann, wenn man so viel Zeit alleine vor dem Bildschirm verbringt. Man muss nicht zwingend vom Trading leben können, um Profi zu sein. Die Bezeichnung "Profi" würde ich eher mit dem Begriff "Meister seines Faches" gleichsetzen.

Wie kamen Sie dazu, ein Buch zu schreiben?

Eigentlich hatte ich nie vor, ein Buch zu schreiben. Meinen Handel hatte ich aber bereits über viele Jahre hinweg gut dokumentiert. Als mich dann ein Freund ansprach und mir einen entsprechenden Vorschlag machte, verfestigte sich die Idee einer Veröffentlichung meiner persönlichen Konzepte nach und nach. Ich würde diese Publikation auch nicht als klassisches Buch bezeichnen, sondern eher als Leitfaden für Neulinge ohne Konzept.

Wie gehen Sie mit Verlusten um?

Verluste gehören zum täglichen Geschäft dazu. Im Grunde genommen sind Verluste nichts anderes als Betriebskosten, wie sie jedes Unternehmen hat. Durch mein Risiko- und Moneymanagement habe ich ein Instrument, diese Verluste sehr gering zu halten. Nicht selten muss man als Trader längere Verlustserien hinnehmen: Den bereits genannten Drawdown. In solchen Phasen ist es sehr wichtig, das prozentuale Risiko runter zu fahren und seinem System wirklich treu zu bleiben.

Wie viel Kapital benötigt man, um von Trading dauerhaft zu leben?

Das hängt natürlich von der durchschnittlichen Performance sowie vom Lebensstandard ab. Wenn man von einer durchschnittlichen Performance von 20 Prozent p.a. ausgeht, sollte die Kontogröße mindestens 250.000 Euro betragen. Selbstverständlich ist zu beachten, dass Steuern und andere Kosten vom Gewinn noch abgezogen werden müssen.

Was ist Ihrer Meinung nach der größte Fehler, der von Anfängern oft begangen wird?

Die Konten von Anfängern sind häufig massiv überhebelt, resultierend aus einer geringen Kapitaldecke. Läuft es dann erst einmal gegen sie, wird die gewählte Strategie oft über den Haufen geworfen und nur noch emotional gehandelt, um die Verluste wieder reinzuholen. Hinzu kommt, dass Neulinge häufig noch nicht die nötige Geduld entwickelt haben. Sie fahren daher ihre Positionsgrößen hoch, was dann nicht selten im Totalverlust endet.

Würden Sie viele Dinge anders machen, wenn sie noch einmal vom Anfang starten könnten?

Am Anfang macht jeder Fehler, welche allerdings wichtig für den weiteren Lernprozess sind. Zu Beginn habe ich sehr viele Fehler gemacht, aus welchen ich heute jedoch mein Wissen und meine Erfahrung schöpfe. Auch, wenn es zu Beginn viel Geld gekostet hat, war es im Nachhinein notwendig diese Erfahrungen zu machen.

Was unterscheidet Sie von anderen Tradern?

Wir Trader unterscheiden uns lediglich in unserer Persönlichkeit voneinander. Wie bereits in meinem Buch erwähnt spielt der psychologische Faktor eine sehr große Rolle. Ich glaube dass meine größte Stärke meine Leidenschaft ist, welche es mir stets ermöglicht hat weiter zu machen.

Wie zu Anfang erwähnt sind Sie auch im Immobilienbereich tätig. Was würden Sie vorziehen?

Es gibt viele parallelen, allerdings reden wir von zwei verschiedenen Märkten. Wie bereits erwähnt hatte ich meine erste Immobilie im Alter von 18 Jahren erworben und bin sozusagen damit aufgewachsen. Keines von beiden möchte ich jemals missen oder gegen die andere Sache eintauschen.

Welchen Markt würden Sie einem Anfänger empfehlen?

Das ist sehr schwer zu beantworten. Der Markt hängt immer von den Zielen und der Persönlichkeit eines Händlers ab. Es gibt Investoren, welche sehr erfolgreich sind, jedoch im Daytrading völlig überfordert wären. Man sollte seinen Handel stets individuell ausrichten.

Haben Sie Angst davor einmal alles zu verlieren?

Es gibt nichts was unmöglich ist, allerdings ist mein Handel nicht darauf ausgerichtet große Risiken einzugehen. Viel wichtiger ist, dass man gesund bleibt, denn Geld kann man sich zurückholen, Gesundheit nicht. Mit der richtigen Diversifizierung und einem gesunden Risiko- und Moneymanagement ist das Risiko einen Totalverlust zu erleiden relativ gering. Ein Weltkrieg oder eine Hyperinflation wären mögliche Szenarien, welche Gift für das Vermögen wären, allerdings hätte man dann ganz andere Probleme als Geld.

Was würden Sie ihren Lesern als letzten Tipp noch mit auf den Weg geben?

Seid stets bescheiden und setzt euch nicht zu hohe Ziele. Versucht auf eurem Weg Meilensteine einzubauen, um auch kleine Erfolge quantifizierbar zu machen. Handelt nicht zu viele Märkte und spezialisiert euch auf eine Sache. Stellt euch stets die Frage, ob das was ihr tut, professionell ist.

Ende

„Mache immer das Gleiche, aber das Gleiche immer etwas besser."

Amin Tirmizi

Besuchen Sie meine Seite www.3t-system.de

Strategien für Aktien, Forex, Futures und CFDs

ein Partner von 3t-system:

www.idio10.net
Lektorat / Korrektorat

Werbliches Schreiben

Social Media Marketing

Suchmaschinenoptimierung

Wordpress

Mein Buchtipp

Ein Buch für echte Leader!

Egal, ob im Sport, Business oder Privatleben

Meisterschaft dank Menschlichkeit

Leitfaden für Trainer zum Thema Menschenführung im Mannschaftssport. Überall im Handel erhältlich.

Autor: Tobias Mann

Folgen Sie mir auf Instagram

und erfahren mehr über neue spannende Projekte!

@amintirmizi
Trader | Buchautor

Kennen Sie auch:

3T-System - Professionelles Trading

Strategien für Aktien, Forex, Futures und CFDs

Autor: Amin Tirmizi

Schimmernder Beton – Profitabel mit dem richtigen Mindset

Strategien für Immobilieninvestments und langfristigen Vermögensaufbau

Autor: Amin Tirmizi

mehr unter **www.3t-system.de**

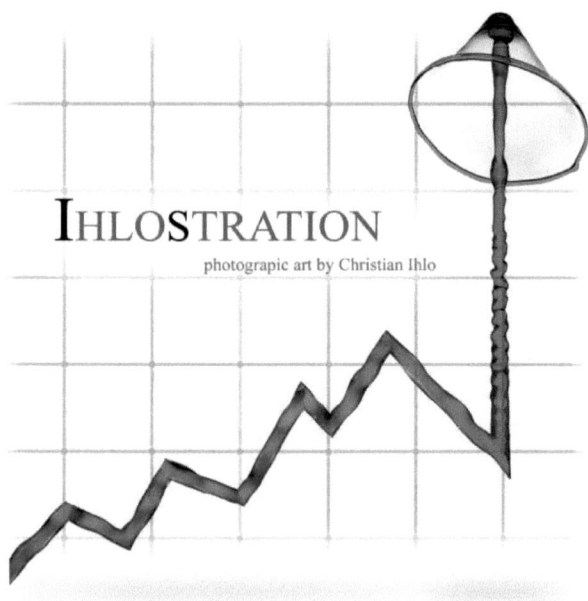

IHLOSTRATION

photograpic art by Christian Ihlo

VERSCHÖNERN SIE IHRE GESCHÄFTSRÄUME MIT FOTOS DER BESONDEREN ART.
WÄHLEN SIE AUS UNSEREM PORTFOLIO IHRE LIEBLINGSMOTIVE. WASSER-
TROPFENFOTOGRAFIE, RUHIG BIS DYNAMISCH. AUF ANFRAGE PROZUZIEREN
WIR FÜR SIE EIN INDIVIDUELLES EINZELSTÜCK IHRER WAHL, BEI DEM SIE
MOTIV UND FARBEN BESTIMMEN.

- WWW.IHLOSTRATION.COM -